KB273452

동네북 경제를 넘어

동네북 경제를 넘어

제정임의 한국경제 핵심진단

동네북 경제를 넘어

제정임 지음

오월의봄

지나간 5년, 앞으로 5년

글을 쓸 때는 읽는 이의 마음에 어떤 '울림'이 일어나기를 기대합니다. 제가 쓰는 글은 우리 사회의 문제를 드러내고 대안을 말하는 것들이 대부분인데, 열심히 쓴 글이 독자의 마음을 움직이고 세상에 작은 변화라도 만들어낼 수 있기를 늘 소망했습니다.

기자로서, 혹은 칼럼니스트로서 신문방송과 책을 통해 이야기해온 짧지 않은 시간 동안 이런 바람이 이뤄진 순간들도 있었습니다. 많은 분들이 공감해주시고, 미약하나마 여론에 영향을 주어 정부와 기업 등의 정책 변화로 이어진 경우가 그렇습니다.

그러나 지난 5년은 글 쓰는 사람으로서 좌절감이 참 큰 시간이었습니다. 이명박 정부가 들어선 이후 언론과 표현의 자유가 위축되고, 일하는 이들의 권리가 짓밟히고, 가난한 이들의 삶이 더욱 비참해지는 것을 보며 때로 절규하듯 썼지만 결과적으로 소용이 없었기 때문입니다. 특히 2012년 12월의 대선 결과는 밤새 저를 책상 앞에 앉아 있게 만들었습니다. 그렇게 많은 이들이 고통스런 5년을 보냈고, 그렇게 많은 이들이 변화를 열망했는데 왜 이렇게 됐을까. 수많은 이유를 찾을 수 있겠지만 저 같은 사람의 책임도 크다는 생각이 들었습니다. 이 사회의 문제를 제대로 드러내고 설득력 있는 해결책을 제시하기 위해 얼마나 치열하게 뛰었나. 나와 생각을 달리하는 사람들의 마음을 움직이기 위해 얼마나 애써서 다가갔나. 이런저런 개인적 이유로 최선을 다하지 못했던 순간들이 눈앞을 스쳤습니다. 결국 '더 나은 세상'의 개찰구를 통과하는 데 필요한 값을 아직 제대로 치르지 못했다는 생각이 들었습니다.

이 책은 지난 대선의 결과가 달랐다면 나오지 않았을 것입니다. 다른 결과였다면 저는 지금쯤 새 정부가 추진해야 할 개혁 정책의 '각론'에 대해 논평하고 있었을지 모르겠습니다. 그러나 경제를 보는 시각, 사회가 나아가야 할 방향에 대한 판단이 다른 정부를 맞게 되면서 저의 숙제도 달라졌습니다. 왜 우리에게 다른 선택이 필요한지, 새 집권층과 그 지지자들의 생각 중 어떤 부분이 어떻게 달라져야 하는지 '기초부터' 다시 얘기해야 할 상황이 되었습니다. 그래서 노트북 파일을 열었습니다. 지난 5년 동안 MBC 라디오 〈손에 잡히는 경제〉, KBS2 라디오 〈김광진의 경제 포커스〉 등 방송에서 한 경제 해설과 한국일보, 국제신문, 이코노미매거진, 나라경제, 국회보 등에 쓴 칼럼 가운데 여전히 유효하다고 생각되는 원고들을 모았습니다. 지나간 5년 동안 우리 경제, 사회의 각 영역에서 무엇이 어떻게 잘못되었으며, 어떤 방향으로 바뀌어야 하는지 열심히 취재하고 고민한 결과들을 한 권의 책으로 정돈한 것입니다. 독자의 이해를 돕고 좀 더 친근하게 전달하기 위해 현재 시점에 맞춰 기존 원고의 시제와 통계 숫자들을 수정하고 여러 글에서 중복된 내용을 덜어내고 표현을 경어체로 바꾸는 등 보완 작업을 했습니다. 그러나 각 글의 주장과 논리 등 전체적인 내용은 그대로 두었습니다. 여기 제시된 생각들이 더 나은 사회를 만들기 위해 앞으로 5년 동안 우리가 무엇을 할 것인지를 폭 넓게 토론하는 데 재료로 쓰였으면 좋겠습니다. 특히 향후 5년의 정책을 담당할 사람들이 열린 마음으로 읽고 성찰해주길 희망합니다.

이 책의 본문은 7부로 구성됐습니다. 1부 '글로벌 위기의 동네북 한국'은 수출입 등 실물경제는 물론 금융의 대외 의존성이 너무 높아서 세계 곳곳에서 위기가 생길 때마다 가장 큰 타격을 입는 우리 경제의 취약성에 대해 얘기했습니다. 한국 경제가 바깥에 문제가 생길 때마다 두들겨 맞는 '동네북' 신세가 된 것은 '개방만이 살 길'이라며 선진국의 입맛에 맞는 세계화를 강행한 역대 정부의 정책에 큰 원인이 있음을 지적했습니다. 특히 신자유주의의 본산인 미국과 영국에서조차 반성이 터져 나온 2008년 금융위기 이후에도 '감세와 규제완화'의 역주행을 고집한 이명박 정부의 잘못을 짚었습니다. 나라 경제가 위기에 처할 때마다 서민과 빈곤층의 희생이 가장 큰데, 갈수록 민생의 고통이 커지는 현실의 뿌리가 바로 이런 부분에 있습니다. 그래서 새 정부는 선진국 자본에 경제주권을 내주는 '무분별한 개방' 대신 우리 중소기업과 노동자, 농민 등 경제적 약자의 권익을 생각하고 투기자본에 대한 통제권도 확보하는, '분별 있는 정책'을 추구하라고 주문했습니다. 그래야 우리 경제가 아무나 두들기는 동네북 신세를 벗어나 안정적이고 지속적인 발전을 할 수 있을 테니까요.

2부 '휠체어 재벌과 철탑 위의 노동자들'은 국가적 자원과 기회를 독식하며 성장한 재벌이 법질서 위에 군림하고, 힘없는 노동자들은 철탑에 올라 목숨을 걸고 외쳐도 억울한 문제를 해결하지 못하는 현실을 조명했습니다. '법치를 유린하는 재벌'과 '억압받는 노동자'는 무너진 사회 정의의 문제일 뿐 아니라 구매력 하락과 내수 부진 등으로 우리 경제가 성장의 동력을 잃는 원인이기도 하다는 점을 지적했습니다. 그래서 '재벌의 기를 살리고 노동자의 입을 막는 것' 대신 '재벌이 법을 지키게 하고 노동자의 권리를 보장하는 것'이 경제를 살리는 길임을 강조했습니다.

3부 '달항아리 같은 복지사회를 향하여'는 경제양극화가 갈수록 심해지면서 우리 사회 곳곳에 늘어나는 범죄와 자살, 소외 등의 비극에 대해 얘기했습니다. 달항아리는 보름달처럼 둥글게 생긴 우리의 전통 도자기인데, 달항아리같이 중산층이 두텁고 국민 전체의 삶이 안정된 사회를 만들기 위해서는 보육과 교육, 주거와 의료 등 삶의 기본 영역에서 보편적 복지가 확충되어야 함을 주장했습니다. 이를 위해서는 사회에서 많은 혜택을 받는 부유층이 응분의 세금을 내는 것을 시작으로 점진적 증세가 필요하며, 한 푼의 세금도 허투루 쓰이지 않도록 재정개혁이 필요하다는 것도 덧붙였습니다.

4부 '원전, 성장을 위해 목숨을 걸어야 하나'는 경제 성장을 위해, 돈을 더 벌기 위해 필요하다는 이유로 가공할 재난의 위험성을 안고 있는 원자력발전을 고집하는 정책을 비판했습니다. 정부는 우리 원전이 절대 안전하며, 경제성이 높고, 전력수요가 많은 산업구조상 다른 대안도 없다고 주장하지만, 후쿠시마 사고와 서유럽의 신재생에너지 발전 등을 볼 때 허구적인 논리임을 지적했습니다. 원전에 쏟아 붓는 재원을 신재생에너지 개발로 돌리고 전기요금 정상화 등 에너지 소비 효율화 정책을 제대로 추진할 경우 '생명을 위협하지 않는 에너지체제'가 가능함을 역설했습니다. 특히 국민의 안전, 환경 보전, 경제의 지속가능성을 좌우하는 에너지구조야말로 '원전마피아' 등 소수 집단의 독단에 맡기지 말고 사회적 토론을 거쳐 합의를 이끌어내야 할 문제임을 환기시켰습니다.

5부 '식탁의 평화마저 위협받는 세상'은 동시다발 자유무역협정(FTA) 등으로 위기에 몰린 우리 농업과 농촌, 그리고 이로 인해 더욱 흔들리는 식량자급의 문제를 다뤘습니다. 또 미국산 쇠고기의 광우병 오염 우려 등 자본 이익 극대화를 위한 대량 생산, 시장 개방, 규제완화로 위협받는 국민 건강 문제도 얘기했습니다. 수출대기업의 이익에 치우친 통상 정책이 식량안보와 식품안전을 위협하는 현실을 드러내고, 이제는 우리 농업과 농촌을 살리는 적극적인 정책 전환을 통해 새로운 성장 동력도 찾고 국민 건강도 지켜야 함을 역설했습니다.

6부 '남북, 크라잉게임은 이제 그만'에서는 이명박 정부의 대북 적대 정책으로 안보 불안이 커진 것은 물론 경제 발전의 중대한 기회도 놓쳤음을 비판했습니다. 과거 정부 간 합의를 존중하면서 지난 5년간 신뢰관계 구축을 위해 꾸준히 노력했다면 북한이 한반도의 '화약고'가 아니라 대륙으로 통하는 우리의 '경제 전진기지'로 활용될 수도 있었을 것이란 안타까움을 담았습니다. 남북관계 악화에는 무력 도발 등 북한의 책임이 분명히 크지만 '마주 달리는 기차'가 우리의 선택이 될 수는 없으며, 어떻게든 대화 테이블에 앉아 '공동의 이익'을 설득할 전략과 끈기가 필요하다는 것을 새 정부가 유념했으면 합니다.

7부 '언론이 살아나야 희망이 있다'에서는 기득권층의 독주와 독선이 경제 정책을 포함한 우리 사회의 중대 결정들을 그르쳤다는 점, 이를 바로잡기 위해서는 언론이라는 '공론장'을 통해 민심이 활발하게 표출되고 건강한 토론이 이뤄져야 한다는 점을 부각했습니다. 그런데 이명박 정부는 실정법과 인사권, 보이지 않는 압력 등을 총동원해 언론의 자유, 표현의 자유를 억눌렀습니다. 많은 언론사들은 정부의 눈치를 보거나 광고주인 대자본의 입김에 눌려 제 구실을 못하고 있습니다. 이런 현실을 깨고 언론이 제자리를 찾기 위해서는 언론 종사자 스스로의 각성과 행동, 그리고 시민의 연대와 감시가 필요하다는 점을 강조했습니다.

이 책은 짧은 글들을 주제에 따라 모은 것이므로 문제를 드러내고 대안의 방향을 제시하는 정도에 그쳤다는 한계가 있습니다. 앞으로 제게 남은 숙제는 여기서 제기한 우리 사회의 중대 과제들에 대해 구체적이고 현실적인 대안을 찾아서 보고하는 것이라고 생각합니다. 이것이 개인적으로 '더 나은 세상'에 대한 입장료를 치르는 한 방법이라고 여깁니다. 앞으로 더 치열하게 공부하고, 고민하고, 쓸 작정입니다.

이 글을 마무리하는 지금 저는 유럽의 경제제도와 정책들을 살펴보기 위해 영국 런던과 벨기에의 브뤼셀을 거쳐 독일의 베를린에 머물고 있습니다. 오랫동안 민주주의를 발전시켜 온 서유럽 국가들을 돌아보며 가장 인상적이었던 것은 오만 가지 사안을 놓고 지겹도록 토론을 한다는 것입니다. 긴 토론과정에서 관련 정보들이 미주알고주알 공개되고, 의회와 국민들은 정책의 쟁점과 찬반논리, 관련사례 등을 자세히 알고 판단을 내립니다. 이 나라들도 제각기 문제들을 안고 있지만, 민심을 무시한 정부 여당의 독주 같은 것은 생각할 수 없을 만큼 민주주의 원칙에 대한 존중이 확고하다는 점이 부러웠습니다.

새로 출범하는 박근혜 정부는 무엇보다도 이런 부분을 배웠으면 좋겠습니다. 반론에 귀를 열고 토론의 마당을 펼치는 정부가 되길 바랍니다. 새 정부가 꼭 성공해야 하는 이유는 무엇보다 잘못된 정책으로 인한 민생의 고통이 더 이상 견딜 수 없는 지경에 이르렀기 때문입니다. 저를 포함한 시민들 역시 각자의 자리에서 깨어 있어야 하겠습니다. 그래야 정부가 국민을 두려워하고 귀를 기울일 테니까요. 이 책이 더 나은 세상을 만들기 위해 무엇을 해야 할 것인지 고민하는 여러분들의 마음에 아주 조금의 울림이라도 일으킬 수 있기를 기대합니다.

2013년 2월

제정임

차례

1부　　　　　　　　　　　　글로벌 위기의 동네북 한국

1부

글로벌 위기의 동네북 한국

흔들리는
거인의 초상

영국의 로이터통신은 지난 2009년 초 미국 캘리포니아의 주도州都인 새크라멘토의 아메리칸 강 둔치에 등장한 대규모 텐트촌을 조명했습니다. 얼마 전까지만 해도 남부럽지 않은 중산층이었지만, 이젠 직장과 집을 잃고 캠핑용 천막에서 간신히 밤이슬을 피하게 된 사람들의 절망과 한숨이 방송 화면을 채웠습니다. 유난히 얼굴 주름이 깊게 팬 한 백인 여성은 "나이 50에 집 없이 떠도는 신세가 될 줄은 몰랐다"고 갈라진 목소리로 말했습니다. 이 지역은 치안과 보건의 사각지대가 될 조짐을 보이고 있지만, 모여드는 사람의 수는 점점 불어나고 있다고 로이터는 전했습니다.

사실상 '난민캠프'라고 할 이런 천막촌들이 잇따라 생겨나고, 곳곳에서 주인 잃은 건물과 집들이 거리를 을씨년스럽게 만들고 있는 것이 경제위기 한복판에 있던 당시 미국의 맨얼굴이었습니다. 미국의 '굴욕'은 국제무대에서도 목격됐습니다. 미국의 최대 채권자인 중국이 '미 재무부 채권을 안심하고 계속 사도

2008년 4월 5일 이명박 대통령이 서울 은평구 은평뉴타운 건설 현장을 둘러보고 있다. 세계 최강대국 미국은 신자유주의 이념을 내세워 시장의 자유와 규제완화, 감세를 주장하다 결국 부동산 거품 등으로 오늘의 파국을 몰고 왔다. 여기에서 교훈을 얻어야 하는데도 이명박 정부는 오히려 종합부동산세와 다주택자 양도소득세 같은 부자들의 세금을 대대적으로 깎아주는 등 거꾸로 가는 정책을 펼쳤다. ⓒ 연합뉴스

좋을까' 하고 고민하는 모습을 짐짓 보였던 것이죠. 원자바오 총리가 이렇게 나오자 애가 탄 오바마 대통령은 "미국 국채는 절대 안전하다"며 계속 사달라고 사정하기도 했습니다. 금융 구제와 경기 부양 등을 위해 앞으로도 엄청난 외채를 끌어다 써야 하는 미국으로선 중국이 등을 돌리면 낭패이기 때문입니다.

잘나가던 '세계 최강대국' 미국이 왜 이런 신세가 됐을까요. 미국인들의 분노는 '기업들에게 최대한의 자유를 주면 모두가 더 잘사는 나라가 될 것'이라고 설파했던 위정자들과 자본가들, 특히 월스트리트의 금융회사들에게 쏠렸습니다. 신자유주의 이념을 내세워 시장의 자유와 규제완화, 감세를 주장해온 그들이 결국 부동산 거품과 금융 위험을 풍선처럼 부풀려서 오늘의 파국을 몰고 왔기 때문입니다. 게다가 1,700억 달러(약 187조 원)가 넘는 구제금융을 받아 쓴 보험사 AIG가 임직원들에게 1억 6,500만 달러(약 1,815억 원)의 보너스를 나눠주는 등 월가의 '양심 불량'이 도를 넘은 것으로 나타나자 미국인들의 증오는 폭발했습니다. 보너스 잔치를 벌인 AIG 임직원들에게 살해 협박 등을 담은 이메일과 전화가 쇄도하는가 하면, 이런 사태를 막지 못한 재무장관 등에 대한 퇴진 요구가 빗발쳤습니다. 신자유주의라는 제트기에 올라탄 월스트리트의 '탐욕'이 자신들의 직장과 집과 행복을 앗아갔다며, 이들에 대한 응징과 규제를 요구했던 것입니다.

그런데 이처럼 미국이 후회하고 유럽도 반성하는 신자유주의 노선을 우리의 이명박 정부만 금융위기 후에도 흔들림 없이 고집했습니다. 종합부동산세와 다주택자 양도소득세 등 부자들의 세금을 대대적으로 깎아주고, 금융 위험을 더 확산시키게 될 금산분리완화를 추진하고, 비정규직을 대책 없이 늘리는 노동시장 유연화를 강행했습니다. 공공의료체제의 붕괴로 미국인들이 얼마나 고통 받고 있는지 뻔히 보면서도 의료민영화 도입을 추진했습니다. 새크라멘토 같은 천막촌이 한강변을 뒤덮어야 정신을 차리려는 것인지, 두려울 정도였습니다. 많은 ‘경제 브레인’을 이명박 정부로부터 물려받은 박근혜 정부는 어떨까요. 과연 걱정하지 않아도 될까요.

브레이크 없는
질주

2000년대 이후 경영대학 학생들에게 희망 진로를 물어보면 은행, 증권 등 금융회사들을 1순위로 꼽는 경우가 압도적으로 많았습니다. 이런 현상은 선진국에서 먼저 나타났습니다. 미국 명문 대학의 경영학석사MBA들이 가장 선호하는 직장은 월스트리트의 금융회사들이었습니다. 또 수학이나 공학을 전공한 인재들도 월가에서 파생상품을 설계하고, 투자 모형을 만들어내는 일에 앞 다투어 뛰어들었습니다. 돈이 몰리는 곳, 파격적인 보상이 있는 곳에 뛰어난 인재가 쏠리는 것은 당연한 현상일 것입니다. 그런데 이런 우수한 인재들이 지나치게 탐욕에 사로잡히고, 그 탐욕을 통제하는 시스템이 느슨할 때 추하고 비극적인 사태가 벌어지게 됩니다.

대표적인 예가 '천재들의 헤지펀드'라고 불렸던 롱텀캐피털매니지먼트LTCM입니다. 이 회사는 살로먼 브라더스의 채권거래팀에서 기록적인 수익을 보여준 존 메리웨더와 팀원들, 두 명의 노벨 경제학상 수상자, 연방준비제도이사회FRB의 핵심 간부 등 비범한 인재들이 의기투합해 1994년에 설립했습니다. 이들은 '우리가 뭘 할 건지는 묻지 말고, 일단 맡겨봐' 하는 도도한 자세로 세계적인 금융회사들과 부자들로부터 엄청난 자금을 끌어들이는 데 성공했습니다. 그리고 정교한 수학적 모델과 차입거래를 통해 기록적인 이익을 내면서 스타가 됐죠. 그러나 1998년 러시아의 채무지급불능선언이라는 예기치 않은 사태가 터지면서 이들은 감당할 수 없는 손실을 입고 몰락합니다. 그들의 투자 모형은 거의 완벽했지만, 정치경제적 돌발 변수까지 다 고려하지는 못했던 것입니다. 이들이 '더 많은 수익'을 탐내며 벌인 판이 어찌나 컸던지, 그냥 파산하게 놔두면 미국 금융시스템이 무너진다며 FRB가 집단금융지원까지 주선했던 것은 아주 유명한 얘기입니다. 로저 로웬스타인이 쓴《천재들의 실패》를 보면 금융회사들과 당국이 '과학적 투자'에 혹해 감시와 견제 대신 이들의 '브레이크 없는 질주'를 도왔다가 혼쭐이 난 과정이 잘 그려져 있습니다.

　　LTCM 충격으로부터 10년이 넘는 세월이 흘렀습니다. 미국 발 금융위기를 보면 인간은 망각의 동물이라는 사실을 확인하게 됩니다. 규제를 받지 않는 헤지펀드와 파생상품의 위험성이 LTCM을 통해 그토록 적나라하게 드러났는데도 미국의 금융산업은 지난 10여 년간 '탈규제, 자유화'의 깃발을 더 높이 세웠습니다. 골드만삭스의 최고경영자였던 로버트 루빈과 헨리 폴슨이 각각 클린턴과 부시 정부의 재무부 장관을 지내는 등 금융계와 정부의 반복되는 '회전문revolving door 인사' 속에서, 미국 정부는 월스트리트의 대변자 노릇을 충실히 했습니다. 그러는 사이 서브프라임모기지 등을 둘러싼 신종 파생상품들이 꼬리에 꼬리를 물고 생겨났고 엄청나게 덩치를 불려갔습니다. 금융당국은 물론 대다수의 금융 전문가들도 '천재들'이 만들어내는 수많은 파생상품들의 구조를 제대로 이해하지 못했고 누가 얼마의 위험을 안고 있는지 파악할 수조차 없는 상황이 됐습니다. 그러다 위기가 터지고 간판급 금융회사들이 줄줄이 쓰러지는 사태에 이르자, 이제 미국 정부는 사상 최대 규모의 구제금융 계획을 들고 나온 것이죠. 마르틴과 슈만이 《세계화의 덫》에서 지적한 것처럼, "돈을 벌 때는 자유 시장 원칙을 목청 높여 외치고, 사고가 나면 국가에 떠넘기는" 염치없는 짓이 반복되었던 것입니다.

그런데 문제는 남 걱정할 때가 아니라는 겁니다. 눈을 안으로 돌려봅시다. 이명박 정부는 미국의 실패를 목도하면서도 꼭 필요한 견제와 감시 장치까지 풀어주는 방향으로 금융산업 규제완화를 추진했습니다. 대표적인 것이 금산분리정책 완화입니다. 산업재벌들에게 은행 소유의 길을 터주는 이 조치는 실물의 위기를 금융으로, 금융위기를 실물로 삽시간에 전이시킬 도화선을 까는 것이나 마찬가지입니다. 정부는 또 지나치게 위험을 추구하는 미국식 투자은행, 헤지펀드, 그리고 파생상품의 부작용을 보고서도 이들을 활성화하는 조치들을 밀고 나갔습니다. 부동산 거품이 미국의 금융위기를 촉발했다는 것을 알면서도 종합부동산세를 완화하고, 재개발 재건축을 활성화하고, 그린벨트를 푸는 등 투기를 재연시킬 정책을 총동원했습니다.

우리는 바로 앞에서 미국이라는 대형차가 브레이크 파열로 참담한 사고를 낸 현장을 봤습니다. 그렇다면 덩달아 가속 페달을 밟을 게 아니라 우리 차의 브레이크부터 점검하는 것이 옳은 순서가 아니었을까요. 박근혜 정부는 브레이크를 잘 정비해야 할 텐데, 걱정입니다.

월스트리트와
폰지 사기

1998년 무렵 미국의 월스트리트를 취재한 일이 있습니다. 당시 외환위기의 직격탄을 맞고 신음 중이던 한국의 경제기자로서, '금융선진국의 심장부에서 무엇을 배워야 할 것인가'를 열심히 묻고 다녔습니다. 그때 인터뷰를 했던 한 투자은행의 임원은 월스트리트가 '두뇌의 경연장'이라고 자랑했습니다.

"월가에서는 뛰어난 두뇌를 가진 사람들이 첨단 금융공학을 활용해 새로운 상품을 만들어내고, 전 세계적인 정보 네트워크를 활용해 투자 판단을 내립니다. 돈이 돈을 버는 시대는 지나가고, 머리가 돈을 버는 시대가 활짝 열린 것이죠."

통계와 수학, 금융공학의 전문가들이 모여 두뇌싸움을 벌이는 곳. 천재들의 상상력과 창의력이 맘껏 발휘되는 곳. 치열한 정보전을 통해 천문학적인 수익이 창출되는 곳. 월스트리트는 한국을 포함한 신흥 개발국들이 힘껏 따라가고픈 금융의 미래상으로 군림해왔습니다.

그런데 이게 웬일입니까. 서브프라임모기지 부실로 시작된 미국 발 금융위기는 '월가의 꽃'이라 할 수 있는 투자은행들의 탐욕과 부정, 그리고 실패를 적나라하게 드러내고 말았습니다. 첨단 금융공학을 활용했다는 금융 신상품들은 알고 보니 사실상의 사기와 무책임한 신용평가가 결합된 '폭탄'들이었습니다. 당국이 '자유와 창의'를 내세우며 금융규제를 마구 풀어주는 동안 투자은행과 신용평가사, 모기지 회사 사람들은 언젠가는 터질 수밖에 없는 폭탄을 돌리며 1인당 수십만 달러에서 수천만 달러의 연봉을 챙겨 온 것으로 드러났습니다. 그리고 그 뒤치다꺼리를 위해 미국 정부는 국민들의 세금을 쏟아 부었습니다.

한 술 더 떠 월가에는 '폰지 사기꾼'까지 활약했던 것으로 밝혀졌습니다. 나스닥거래소의 회장까지 지낸 버나드 메이도프가 자신이 설립한 증권회사 등을 통해 지난 20여 년간 다단계 금융사기를 벌여오다 체포된 것입니다. 폰지 사기란 높은 수익을 약속하고 투자를 유치한 후 뒤에 들어온 사람의 돈으로 앞에 들어온 사람에게 수익금을 주면서 계속 투자자를 끌어들이는 수법인데, 1920년대 찰스 폰지의 사기 행각이 그 원조입니다. 영화감독 스티븐 스필버그의 자선재단을 비롯해서 미국의 내로라하는 유명인사들이 메이도프의 명성과 감언이설에 속아 무려 500억 달러(약 55조 원)를 날렸다니, 기가 막힐 노릇입니다. 어떻게 월가에서 이런 일까지 벌어질 수 있었을까요.

　그런데 2008년 노벨 경제학상을 받은 폴 크루그먼 프린스턴대 교수는 메이도프의 폰지 사기나 월가 투자은행들의 행각이 본질적으로 다를 게 없다고 꼬집었습니다. 투자은행들은 주택가격 거품이 지속되는 동안 주택저당증권MBS 같은 파생상품을 통해 큰 수익을 만들어내고 엄청난 보수를 챙겨갔지만, 거품이 꺼지는 순간 그 손실은 고객인 투자자들에게 떠넘겼습니다. 이렇게 폰지 사기와 다를 바 없는 일이 월스트리트에서 벌어지는 동안 증권거래위원회SEC등 당국이 손을 놓고 있었던 것, 정부와 정치권이 규제완화를 계속 밀어붙인 것에 대해 크루그먼은 '돈이 정치를 장악했기 때문'이라고 일갈했습니다.

　서브프라임 위기와 폰지 사기를 통해 월스트리트의 맨얼굴이 드러났습니다. 오바마 대통령은 2008년 당선 직후 금융시스템의 대대적인 수술을 예고했습니다. 그런데 이명박 정부는 과거의 월스트리트를 모델로 한 금융규제완화계획을 밀어붙였습니다. 남의 실수로부터 재빨리 배우지 못하면 언젠가 뼈아픈 비용을 치르게 된다는 것을 도통 몰랐던 것일까요.

신자유주의자들의
반성문

2009년 4월의 세계 주요 20개국G20 정상회의 의장국이었던 영국은 신자유주의에 기반을 둔 '영미 英美식 금융자본주의'를 확산시킨 주역의 하나입니다. 이 나라의 고든 브라운 총리는 1997년부터 10여 년간 재무부 장관을 지내며 영국 금융산업의 전성기를 이끌었습니다. 그런데 그가 G20 회의를 앞두고 영국 신문 가디언과의 인터뷰를 통해 적나라한 반성문을 발표했습니다.

"10여 년 전 아시아 외환위기 당시 우리 선진국들도 같은 문제를 안고 있었는데, 제대로 규제를 하지 않아 오늘날과 같은 세계적 위기를 맞았다."

브라운 총리는 이어 "워싱턴 컨센서스로 대표되는 신자유주의적 신념은 종말을 맞았다"며 "이번 G20 회의에서 무엇보다 강력한 금융규제를 도입해야 한다"고 강조했습니다. 워싱턴 컨센서스는 감세, 규제완화, 민영화, 무역자유화 등을 통해 공공부문을 줄이고 시장의 자유를 극대화하자는 주장인데, 불행히도 그 결과는 전 세계를 함께 위험에 빠뜨리는 '위기의 세계화'로 나타났음을 인정한 것입니다.

오랜 신념을 180도 바꾼 브라운 총리지만, 그는 외롭지 않았습니다. '워싱턴 컨센서스의 전위대'라고 비판받아온 국제통화기금IMF도 2009년 3월 내놓은 보고서에서 같은 고백을 했기 때문입니다. IMF는 "파생상품 등의 국제 거래에 대해 적절한 규제 시스템을 마련하지 못한 것, 신용평가기관 등의 활동에 대한 시장 규율을 세우지 못한 것이 가장 큰 잘못이었다"고 반성했습니다.

18년 이상 '세계의 경제대통령' 소리를 들어왔던 앨런 그린스펀 전 미연방준비제도이사회 의장도 2008년 말 의회 청문회에서 "파생상품 규제에 반대한 것은 잘못이었다"고 인정했습니다. 그는 특히 "금융시스템을 지키기 위해 금융회사들을 일시적으로 국유화할 필요가 있다"고까지 말해 금융자본주의 심장부인 월가를 깜짝 놀라게 했습니다. 은행의 국유화라는 것은 신자유주의자들로서는 결코 받아들일 수 없는 독약과도 같은 처방이기 때문입니다.

거물들의 '사상 전향'은 계속 이어졌습니다. 제너럴 일렉트릭GE의 전설적 최고경영자CEO였던 잭 웰치는 2009년 영국 파이낸셜 타임스와의 인터뷰에서 자신이 신봉하던 '주주가치 경영'에 대해 "세상에서 가장 바보 같은 생각"이라고 폭탄선언을 했습니다. 웰치 전 회장은 대량 해고를 불사하고라도 비용을 줄이고 수익을 극대화하는 것, 그래서 주주들에게 최대의 이익을 돌려주는 것이 기업의 목표임을 행동으로 보여주었던 사람입니다. 자본의 탐욕을 합리화하고 노동의 희생은 불가피하다고 보는 것이 신자유주의의 교리 중 하나인데, 마치 목회자가 경전을 집어던지듯 충격적인 발언을 한 셈입니다.

신자유주의의 심장부에서 출력된 이런 '반성문'들은 아직도 신자유주의의 교리를 '신성불가침'으로 생각하는 듯한 우리 정부와 여당에 강력한 메시지를 던졌습니다. '우리가 틀렸다. 우리를 따라오지 말라'는 것입니다.

그런데 불행히도 우리 정부와 여당은 귀머거리 증세를 보였습니다. 선진국들이 '금융 업종들 사이에도 다시 칸막이를 쳐야겠다'며 상업은행과 투자은행의 분리를 추진하고 금융회사들의 덩치 줄이기를 고심하는 와중에도 우리 당국에서는 '메가뱅크' '인수합병' 등 몸집 불리기 논의가 이어졌습니다. 정부는 또 금융위기의 주범으로 찍혀 밀려나고 있는 서구의 투자은행 모델을 국내에 본격 도입하고, '마약과도 같은 위험성'이 부각된 파생상품들을 적극 허용하는 쪽으로 정책 방향을 잡았습니다. 실력에 비해 너무 개방되어 있고 외채도 지나치게 많아 세계에서 가장 취약한 시장의 하나로 꼽히는 우리 금융에 이런 추가적 조치들이 다 이뤄지면 어떻게 될까요.

아주 초보적인 경제학 지식을 말할 때 미국인들은 흔히 '경제학Economics 101'이라는 표현을 씁니다. 대학에서 가장 기본적인 경제학 강의에 101이라는 교과 번호를 주기 때문입니다. 전

세계가 신자유주의에 사망 선고를 내리고 있는 이 시점에도 오래전에 배운 '신자유주의 경제학 101'에 매달리고 있는 정부 여권 인사들에게 당부하고 싶습니다.

당신들에게 밥줄을 의지하고 있는 국민들을 위해, 제발 공부 좀 더 하라고.

금융 '따분한 본업'에 충실하라

"현대적인 금융 혁신이 이뤄지기 전, 대출자들은 단순한 세계에 살았다. 그들은 신용도를 평가하고, 대출을 하고, 돈을 빌린 이들이 약속한 방식으로 돈을 쓰도록 하고, 그 돈을 이자와 함께 돌려받을 수 있도록 모니터링을 했다. 은행가들과 은행 일은 따분했다. 그들에게 돈을 맡긴 사람들이 원했던 게 바로 그런 것이었다. 보통 시민들이 어렵게 번 돈을 누군가가 가져가 그걸로 도박을 하는 걸 원치 않았다."

글로벌 금융위기를 일찌감치 경고했던 조지프 스티글리츠 미국 컬럼비아대 교수가 저서 《끝나지 않은 추락Freefall》에서 꺼낸 말입니다. 스티글리츠는 '시장이 완벽하니 규제는 필요 없다'

고 주장하는 신자유주의 경제학의 기본 가정이 잘못됐음을 규명해 노벨 경제학상을 받은 사람입니다. 그는 이 책에서 금융 전문가들이 '혁신'이랍시고 만들어낸 신상품과 현란한 거래 기법들이 사실은 규제를 피해 더 많은 수입을 올리기 위한 편법들에 불과했다고 꼬집었습니다. '인플레 잡은 중앙은행 총재'로 이름을 날렸던 폴 볼커 백악관 경제고문이 "지난 수십 년간의 금융 혁신 중 진짜 도움이 된 것은 현금자동지급기ATM밖에 없다"고 한 것과 일맥상통합니다. 스티글리츠는 파생상품, 헤지펀드, 투자은행 등으로 상징되는 '혁신'과 '모험'이 금융을 '따분한 본업'에서 벗어나 '통 큰 도박판'이 되게 함으로써 파국을 불렀다고 지적했습니다.

파생상품과 헤지펀드 등이 아직 덜 발달한 우리 사회는 이런 걱정을 '남의 일'로 들어도 될까요. 그렇지 않습니다. 미국 발 서브프라임모기지 위기가 전 세계를 뒤흔들었던 것처럼 서구 금융계가 앞으로 또 다른 실패와 위기를 맞는다면 우리에게도 가공할 위협이 닥칠 것입니다. 또 수준은 다르지만 '혁신'을 표방한 금융규제완화의 부작용을 우리 역시 생생하게 경험하고 있습니다. 부실 저축은행들의 잇단 영업정지 사태가 대표적입니다.

국내 저축은행 105곳 중 10여 곳이 2011년 이후 무더기 영업정지를 당한 배경에는 '무분별한 규제완화'와 '분수에 넘친 모험투자'가 있었습니다. 원래 상호신용금고라는 소박한 이름으로 출발한 저축은행들이 금융규제완화의 시류를 타고 부동산 프로젝트파이낸싱PF이라는 '대박'을 좇다 엄청난 손해를 본 것입니

2011년 9월 18일 영업정지 조치가 내려진 서울의 한 저축은행 지점 앞에서 예금자들이 굳게 닫힌 셔터 안의 경영 개선 공고문을 살펴보고 있다. 국내 저축은행 105곳 중 10여 곳이 2011년 이후 무더기 영업정지를 당한 배경에는 '무분별한 규제완화'와 '분수에 넘친 모험투자'가 있었다. ⓒ 경향신문

다. 2001년 당국이 저축은행의 예금보험 보장한도를 2,000만 원에서 5,000만 원으로 올리자 고금리를 노린 자금들이 '안심하고' 몰려들었습니다. 그러자 늘어난 예금으로 수익 낼 곳을 찾던 저축은행들이 부동산 투자 바람을 타고 너도나도 PF에 뛰어들었습니다. 여기에 2005년 말의 '8·8클럽정책'이 불을 질렀습니다. 국제결제은행BIS 기준 자기자본비율이 8%를 넘고, 일정 기준의 부실여신 비율이 8% 미만인 '우량 저축은행'에 대해서는 80억 원의 동일인 대출한도를 획기적으로 완화해준 것입니다. 그래서 한 프로젝트에 1,000억 원대를 대출한 '간 큰' 저축은행까지 나타났고, 이는 부동산 침체기에 돌이킬 수 없는 부실로 이어졌습니다.

저축은행의 '대형화'를 유도한 정책도 문제였습니다. 이미 부실해진 저축은행을 퇴출시키는 대신 사정이 나은 다른 저축은행에 '지점을 더 늘려주겠다'는 등의 혜택을 주며 떠안겨, 결과적으로 함께 망하게 만들었습니다. 특히 영업정지 된 저축은행의 절반, 그리고 전체 저축은행의 20%가량이 금융감독원 고위직 출신을 감사로 고용했다는 사실은 이 모든 과정에 감독당국의 유착과 비호 등 사적 이해가 작용하지 않았는지 강한 의심을 갖게 합니다. 부실 저축은행 대주주와 경영진의 불법행위와 함께 감독당국의 책임을 낱낱이 따져야 합니다.

동시에 중요한 것은 저축은행이 서민금융의 본령을 회복하도록 하는 일입니다. 신용도가 낮은 개인들을 상대하는 서민금융은 당장 담보가 없고 형편이 어렵더라도 성실하고 유망한 대출자를 찾아내 기회를 주도록 '지역밀착영업'을 해야 합니다. 고액자산가만 우대하는 프라이빗뱅킹PB과 달리 소액예금도 반갑고 소중하게 받아주어야 합니다. 그러려면 위험한 '대박' 투자를 기웃거리는 대신 수익성과 안전성을 재는 '따분한 본업'에 충실하도록 대출한도와 영업 범위 등을 적절히 규제해야 합니다. 야채 팔고 닭 튀기며 힘들게 벌어 맡긴 돈을 '금융 발전' 등 그럴싸한 구호 아래 '도박판 판돈'처럼 쓰게 놔둬선 안 될 일입니다.

기축통화 전쟁

2009년 10월 6일, 영국 인디펜던트 신문에 실린 기사 하나가 세계 금융시장을 발칵 뒤집어놓았습니다. 로버스 피스크라는 중동 전문기자가 쓴 이 기사는 "중동 산유국들과 중국, 일본, 러시아, 프랑스 등이 석유 대금 결제를 달러에서 새로운 통화로 바꾸기 위해 비밀리에 모였다"고 전했습니다. 오는 2018년부터 중국 위안화, 일본 엔화, 유로화와 걸프 지역의 새로운 공동화폐 등으로 구성된 통화바스켓으로 석유 대금을 치르되 과도기에는 금金을 활용하는 방안을 논의했다는 것입니다.

이 보도로 달러 값이 폭락하고 금값이 치솟는 등 엄청난 파문이 일자 사우디아라비아와 일본 등 관련국들은 일단 '그런 일이 없다'고 발을 뺐습니다. 그러나 피스크 기자가 평소 이 분야에서 신뢰를 쌓아온 베테랑인데다 '그런 일이 있을 만하다'는 전문가들의 관측이 작용해 기사의 여진은 오랫동안 사라지지 않았습니다. 우선 경제적인 관점에서는 미국의 재정 적자가 눈덩이처럼 불어나면서 달러 가치가 계속 떨어져, 산유국들이 석유 대금을 달러로 받으면 손해라는 이유가 있습니다. 또 국제정치적인 측면에서는 이스라엘을 싸고도는 미국을 견제하려는 아랍 국가들, 중동 지역에 대한 영향력을 높이려는 중국의 이해가 맞물려 '석유 결제에서 달러를 배제한다'는 시나리오가 가능하다는 얘기입니다.

사실 글로벌 금융위기가 본격화한 이후 달러의 기축통화 지위에 도전하는 움직임은 이미 여러 번 있었습니다. 특히 2008년 10월에는 중국이 총대를 메고 나서서 "달러 대신 국제통화기금의 특별인출권SDR을 기축통화로 활용하자"고 제안해 파문을 일으켰습니다. 미국을 더욱 당혹스럽게 한 것은 러시아, 브라질, 인도 등 이른바 '브릭스BRICs'의 신흥 대국들이 중국을 지지하고 나섰다는 것입니다. 당시 미국이 이 같은 움직임에 강력히 저항하고 유럽도 미국편을 들어 더 이상 논의는 진전되지 않았습니다. 그러나 인디펜던트의 보도대로라면, 석유 결제 대금 교체 논의를 시작으로 기축통화 변경 움직임이 언젠가는 본격화할 가능성이 없지 않습니다.

물론 기축통화 교체가 급격히 이뤄지기 어려운 이유도 있습니다. 수조 달러의 미국 국채를 갖고 있는 중국과 중동 국가들 입장에서도 달러 가치가 갑자기 추락하면 큰 손해이기 때문입니다. 미국은 이런 기본적인 계산이 있는데다 당장은 달러 가치가 떨어지는 것이 자기네 기업들의 수출에 유리하기 때문에 별다른 방어책을 내놓지 않았습니다. 그러나 이미 각국이 외환보유고에서 달러를 서서히 줄이고 유로화 비중을 늘리고 있는 상황에서 '석유 결제 통화 교체'가 현실화되면 '달러 붕괴'에 준하는 충격이 현실화될 가능성도 없지 않습니다.

쑹훙빙이 쓴 《화폐전쟁》을 보면 세계 경제의 가장 강력한 성장 엔진으로 부상한 중국이 기축통화국의 지위에 도전하면서 궁극적으로 미국의 리더십을 뺏고자 하는 야심이 드러납니다. 세계 금융위기와 이로 인한 미국의 곤경은 감춰두었던 중국의 야심에 불을 댕겼다고 볼 수 있습니다. 이미 'G2(주요 2개국)'니, '차이메리카'니 하는 조어가 등장할 정도로 중심권에 부상한 중국의 행보는 세계 경제의 판도는 물론 우리의 운명에도 엄청난 영향을 미칠 것입니다. 중국을 더 심도 있게 연구하고 예측하고 대비하는 국가적 노력에 박차를 가해야 할 시점입니다.

옐로카드, 레드카드

가까운 어른 한 분이 몇 년 전 암 진단을 받았습니다. 초기였고, 다행히 수술이 잘됐습니다. 의사는 앞으로 식습관을 바꾸고 운동을 꾸준히 하면 재발을 막을 수 있을 것이라고 했습니다. 그분은 안도의 한숨을 내쉬며 말했습니다. "하나님이 레드카드 대신 옐로카드를 주셨으니 얼마나 고마운 일인가."

감기든, 암이든, 우리 몸이 경험하는 크고 작은 질병은 어떤 이유에선가 몸의 균형이 무너졌다는 신호라고 합니다. 그래서 원인을 알고 생활습관 등을 제대로 고치면 이전보다 더 건강해질 수도 있다는 것입니다. 반면 치료를 받고 조금 나아졌다 싶을 때 방심했다가 불행한 결과를 맞는 경우도 종종 있습니다. 경고를 받고도 반칙을 거듭하다 결국 그라운드에서 쫓겨나는 선수처럼 말입니다.

미국 발 서브프라임모기지 위기로 충격에 빠졌던 세계 경제가 이후 돌아가는 모습이 '옐로카드를 받고도 반칙의 유혹에서 벗어나지 못하는' 축구선수와 비슷합니다. 잠시 정신을 차리나 했더니, 형편이 좀 나아지자 예전 버릇으로 되돌아가고 있기 때문입니다. 미국 투자은행 리먼 브라더스의 파산 신청 이후 폭락했던 각국 증시는 1년여가 지나자 위기 이전 수준으로 대부분 회복됐고, '경기가 바닥을 쳤다'는 분석들도 속속 나왔습니다. 그러자 위기의 주범으로 찍혀 꼬리를 바짝 내렸던 선진국 대형 금융회사들이 '지나친 위험 추구 행위와 경영진의 과도한 보수를 규제하겠다'는 정부 정책에 본격적으로 저항하기 시작했습니다. 오바마 미국 대통령이 내놓은 금융규제강화안은 월스트리트의 로비를 받은 정치인들의 비협조로 난항을 겪었습니다. 정체불명의 신종 파생상품들이 세계 경제를 그렇게 뒤흔들어놓았는데도, 금융회사들은 또다시 고위험의 새로운 증권들을 만들고 거래한다는 소식입니다. 그래서 매사추세츠공과대MIT의 사이먼 존슨 교수 등 비판적 학자들은 "또 다른 위기의 씨앗이 싹트고 있다"고 경고했습니다.

세계 경제가 비교적 빨리 위기에서 벗어난 듯 보였던 것은 각국이 엄청난 돈을 퍼부어 금융회사들을 구제하고, 경기를 부양했기 때문입니다. 말하자면 피투성이로 실려 온 환자에게 응급처치를 하고, 진통제와 영양수액을 듬뿍 투여해서 숨 쉴 만하게 만들어놓은 것입니다. 잊지 말아야 할 것은 환자가 아직 다 나은 게 아니라는 사실입니다. 본격적인 수술과 치료는 아직 제대로 이뤄지지 않았습니다. 통증이 줄었다고 해서 다시 술과 담배를 입에 댔다간 목숨이 위태로울 수도 있는 것입니다. 그런데 배

은망덕한 환자와 그 가족들이 치료하려는 의료진에게 슬슬 대들고 있는 게 지금 선진국 금융권의 모습입니다.

눈을 나라 안으로 돌려봅시다. 크게 다를 것이 없습니다. 정부가 엄청나게 돈을 풀고 온갖 비상조치를 통해 금융회사와 기업들을 살려준 덕에 경제가 금방 살아나게 된 것처럼 보였습니다. 위기 직후 풀린 돈이 증시와 부동산 시장을 반짝 밀어 올리는 바람에, 어떻게 경제에 충격을 덜 주고 이를 다시 흡수할 것인가 하는 '출구전략'이 논의되기도 했습니다. 그러나 일자리를 잃거나 임금이 깎인 채 전세대란과 식료품값 상승, 과외비 부담에 시달리는 '윗목' 서민들에게 '경제 회복'은 남의 나라 얘기입니다. 서민들 살림뿐 아니라 우리 경제의 근본적인 취약성도 나아지지 않았습니다.

리먼 사태가 터졌을 때, 우리나라가 '제2의 외환위기'를 걱정할 만큼 충격을 받았던 것은 단기외채를 너무 많이 쓰고 있는 은행들, 외국인 비중이 너무 높은 외환시장 등 구조적인 문제가 있었기 때문입니다. 지나치게 수출입에 기대는 대외 의존형 경제구조, 수출 대기업과 내수 중소기업의 연계가 깨진 산업 현장 등 외부의 충격에 쉽게 흔들릴 수밖에 없는 약점들이 아직 그대로 남아 있습니다. 그럼에도 정부는 이를 수술하기보다 4대강 개발, 그린벨트에 아파트 짓기 등 부동산 거품으로 경기를 부양하는 단기 처방에 매달렸습니다. 금융의 건전성을 높이기 위해 머리를 싸매야 할 마당에 재벌에게 은행 소유권을 주는 등 위험성을 오히려 높이는 정책을 밀어붙였습니다. 내수를 튼튼히 하기

이명박 대통령이 2009년 11월 22일 광주 영산강에서 열린 '4대강 살리기 희망선포식(기공식)'에 참석해 4대강 살리기의 필요성에 대해 강조하고 있다. 리먼 사태가 터졌을 때, 우리나라는 '제2의 외환위기'를 걱정할 만큼 충격을 받았다. 그럼에도 이명박 정부는 이를 수술하기보다 4대강 개발, 그린벨트에 아파트 짓기 등 부동산 거품으로 경기를 부양하는 단기 처방에 매달렸다. ⓒ 연합뉴스

위해 필요한 중소기업, 자영업, 임금 노동자 등을 위한 정책은 닳
고 닳은 구호 외에 딱히 찾아보기 어려웠습니다. 이런 상황에서
또다시 글로벌 위기가 닥치면 어떻게 될까요. 회생 불능의 '레드
카드'를 덜컥 보게 될까봐 걱정이 태산입니다.

내 집 한 칸은 어디에

"이 책을 쓸 당시엔 30년 뒤에도 읽힐 거라곤 상상 못했지. 앞으로 또 얼마나 오래 읽힐지, 나로선 알 수 없어. 다만 확실한 건 세상이 지금 상태로 가면 깜깜하다는 거, 그래서 미래 아이들이 여전히 이 책을 읽으며 눈물지을지도 모른다는 거, 내 걱정은 그거야."

1978년 첫 출판된 《난장이가 쏘아 올린 작은 공》이 30주년을 맞았던 2008년, 판매고 100만 부를 훌쩍 넘긴 이 소설의 작가 조세희 씨가 한 신문과의 인터뷰에서 한 말입니다. 도시 개발의 쇠망치에 쫓겨 정든 집을 떠나야 했던 난장이 가족의 슬픈 이야기가 그렇게 긴 세월 동안 큰 울림을 이어온 데는 '변치 않은 현실'의 영향이 컸다는 얘기입니다. 돈벌이에 혈안이 된 개발업자들의 탐욕과 등 떠밀리는 사람들의 절규, 공권력을 등에 업은

‘용역’들의 횡포가 다 여전하다는 게 그가 말한 현실일 것입니다. ‘정당한 보상’을 요구하는 철거민들을 용역 대신 경찰 특공대가 진압하다 빚어진 용산 참사는 ‘2009년판 난쏘공’의 가장 비극적인 삽화라고 할 만합니다.

‘부동산’과 ‘개발’은 1960~1970년대 이후 국가 주도의 압축 성장이 가속화된 이 나라에서 가장 애증이 엇갈리는 단어가 됐습니다. 출발선이 유리했던 사람들은 개발 정보를 얻고 투자 기회를 잡으면서, 혹은 갖고 있던 땅이 ‘금싸라기’로 변하면서 벼락부자가 됐습니다. 나머지 사람들은 그들의 뒤를 따르고자 안간힘을 썼습니다. 그러나 흉내를 내고 싶어도 밑천이 없는 사람들은 ‘내 몸 누일 방 한 칸’을 위해 갈수록 악전고투해야 하는 신세가 됐습니다. 개발과 재개발, 건축과 재건축이 흐드러진 ‘한판’을 벌이고 나면 집값은 또 한 번 치솟고, 투기꾼들은 엄청난 판돈을 챙겼습니다. 그러나 서민들은 ‘더 멀어진 내 집 마련 꿈’에 눈물을 훔쳐야 했습니다. 재개발의 불도저에 밀려, 혹은 치솟은 집세를 감당 못해 더 허름한 변두리로 쫓겨 갔다가 끝내 거처를 얻지 못하고 스스로 목숨을 끊은 사람들도 있었습니다.

기가 막힌 것은 이런 ‘부동산 광풍’을 역대 정부가 앞장서 부추겼다는 사실입니다. 경제를 살린다며 건설 투자에 돈을 쏟아붓고, 금리를 낮춰 주택 대출을 쉽게 해주고, 집을 아무리 ‘사재기’해도 세금 부담이 없도록 보유세를 낮게 유지했습니다. 부동산값 폭등이 큰 사회 문제가 되면 이따금 투기 대책을 내놓았지만, 건설재벌과 땅부자 등 ‘건설족’의 조종을 받는 정치인과 관료들이 곧 무력화시키곤 했습니다. 참여정부가 집권 후반기에 종합부동산세를 도입하는 등 투기 억제 장치를 강화했을 때는 이제 좀 달라지나 하는 기대감도 있었습니다. 그러나 이명박 정부가 들어선 후 역사는 더 지독한 모습으로 반복되었습니다.

이명박 정부는 종합부동산세를 사실상 무력화해 '집과 땅 사재기'의 부담을 다시 가볍게 해주었고, 투기지역 지정을 대거 풀고 전매제한 기간도 줄여 '마음 놓고 거래들 하시라'고 멍석을 깔아주었습니다. 미분양 아파트를 정부가 대신 사주고, 재개발 재건축 관련 규제를 대폭 풀고, 주택 500만 호를 짓겠다고 하는 등 건설사들의 입이 쩍쩍 벌어질 계획들을 내놓았습니다. 경제정의실천시민연합의 분석에 따르면 이명박 정부 출범 후 1년여 간 36번에 걸쳐 발표된 100여 건의 부동산 대책 중 84%가 건설업체들과 다주택 보유자들, 즉 잠재적인 '투기세력'을 위한 것이었습니다. 특히 '다주택자 양도소득세 중과 폐지'는 화룡점정이라 할 만합니다. 집을 세 채 이상 가진 사람들이 쉽게 주택을 사고 팔 수 있도록 세 부담을 크게 줄여주는 내용이기 때문입니다.

이명박 대통령을 포함한 '땅부자' 내각의 고위 관료들과 대다수 정치인들이 큰 수혜자로 포함될 이런 정책들은 부동산값의 거품 제거를 막거나 값을 더 올리는 결과를 낳을 것입니다. 그러면 무주택자들의 내 집 장만은 더욱 어려워질 것이고, 살인적인 사교육비와 주택부금에 허리가 휘는 서민들의 살림은 더더욱 고단해질 것입니다. 정부의 이런 '군불 때기'에도 불구하고 글로벌 위기의 영향 등으로 부동산 거래가 그리 쉽게 살아나지 않았던

↑2009년 4월 29일 '용산참사' 100일을 맞아 희생자 유족들과 시민들이 서울 용산 사고 현장에서 희생자들의 영정을 들고 추모제를 열고 있다. '정당한 보상'을 요구하는 철거민들을 용역 대신 경찰 특공대가 진압하다 빚어진 용산 참사는 '2009년판 난쏘공'의 가장 비극적인 삽화라고 할 만하다. ⓒ 경향신문

←2010년 1월 9일 용산철거민 화재참사 희생자들의 영결식이 서울역에서 열린 뒤 운구 행렬이 노제가 열리는 남일당 참사 현장으로 이동하고 있다. ⓒ 경향신문

것이 어쩌면 다행이었다고 해야 할까요.

　이명박 대통령은 "나도 산동네 쪽방촌을 전전해봤고, 철거민 신세였던 적도 있다"고 말했다고 합니다. 그 심정을 안다는 이가 어떻게 '재개발 속도전'을 외치며 철거민들을 밀어붙이고, 부동산 투기꾼들 편을 들어 쪽방촌 사람들을 절망케 했는지 믿을 수가 없습니다. 너무 오래 '건설족'과 어울려 온 나머지 젊은 날의 기억은 껍질만 남았던 것일까요.

부동산 부자와
그 친구들

"현재의 전세난은 예년에 비해 심각하지 않으며 이사철이 되면 나타나는 수준입니다. 이에 대한 대책도 없고, 전세 대책이란 걸 만들 수도 없습니다."

정종환 국토해양부 장관이 2010년 9월 기자간담회에서 한 말입니다. 수많은 서민들이 한꺼번에 몇 백만 원, 몇 천만 원씩 올려달라는 보증금 때문에 망연자실해 있을 때, 혹은 전세 자체를 구할 수 없어 발을 구르고 있을 때 주무 장관은 이런 얘길 했습니다. 그는 전세난이 걷잡을 수 없이 심각해진 2011년 1월 13일 마지못해 어설픈 대책을 내놓으면서 '언론이 하도 떠들어서……' 하는 뉘앙스를 비쳤다가 비난을 사기도 했습니다. 그러다 대통령이 한마디 하자 한 달도 안 된 2월 11일 부랴부랴 추가 대책을 내놓았지만, '빚 얻어 전세금 올려주라'를 핵심으로 한 대책은 효력을 발휘하지 못했습니다. 엄동설한에 오른 전셋값을

2010년 8월 29일 정종환 국토해양부 장관(오른쪽)이 정부 과천청사에서 총부채상환비율(DTI) 규제 완화를 주요 내용으로 하는 부동산 대책을 발표하고 있다. 그는 "현재의 전세난은 예년에 비해 심각하지 않다"고 말해 전세 자체를 구할 수 없어 걱정에 빠져 있는 서민들의 원성을 샀다. ⓒ 경향신문

감당하지 못해 변두리의 '싼 집' '싼 방'을 찾아 헤매는 행렬이 이어지고, 어쩔 수 없이 보증금 일부를 월세로 돌린 집들은 아이들의 학원을 끊고 식비를 줄여야 했습니다.

사정이 이런데도 민생 복지의 핵심인 '주거 안정'을 위해 주력해야 할 국토해양부 장관과 공무원들이 그토록 현실과 동떨어진 인식을 보인 이유는 무엇일까요. 무엇보다 정책당국자들이 주택시장을 보는 관점이 서민들과 완전히 다르기 때문이라고 할 수 있을 것입니다. 서민들에게 집은 '사는 곳'이지만 건설업자, 부동산 자산가와 한 편에 선 우리나라 정책당국은 '사고파는 상품'으로 주택을 보고 있는 듯합니다. 그래서 그들은 기업이 돈을 더 벌기 위해, 경기를 부양하기 위해, 성장률을 높이기 위해 집값은 오를수록 좋고, 주택 매매는 활성화되어야만 한다고 보는 것입니다.

국토부 등 정부당국이 실수요자가 아닌 건설업자와 부동산 자산가 입장에서 정책을 만든다는 증거는 많습니다. 이명박 정부 출범 이후 줄지어 발표된 부동산 대책들은 70~80% 이상이 건설업자와 다주택 보유자에게 이로운 각종 규제완화 및 세금 감면 조치였습니다. 2010년 8·29 부동산 대책 때 총부채상환비율DTI 규제를 완화한 것 등 빚 얻어 집 사게 하고, 각종 규제를 풀어 재개발재건축을 쉽게 하는 등의 조치가 봇물을 이루었습니다. 2011년 2·11 전세 대책의 '민간임대주택활성화' 방안도 전세난 해소보다는 건설업체의 미분양을 해소하고 다주택 투기자의 세금을 줄여주는 조치였다고 할 수 있습니다. 이런 정책들 때문에 글로벌 금융위기 이후 전 세계적으로 집값이 크게 떨어졌는데도 우리나라는 예외였고, 서민들은 '내 집 마련'은커녕 '셋집 확보' 조차 힘겨운 주거난을 겪고 있습니다. 우리나라의 경제 규모는 대략 세계 13위 수준인데, 서울의 근로자 소득수준 대비 주택가격은 뉴욕, 파리 등 세계적 대도시 못지않게 비싼 형편입니다.

참여연대 등 시민단체들은 이명박 정부가 집권 이후 3년간 뉴타운 등 재개발 재건축 사업을 동시다발로 벌이면서 많은 주택이 한꺼번에 사라진 반면, 중대형 위주 건설로 신규 공급은 줄어 주거난이 심화됐다고 지적했습니다. 특히 보금자리주택을 분양 위주로 짓는 등 임대주택 공급을 크게 줄인 게 전세난 가중의 원인이라고 비판했습니다. 정부가 이렇게 서민주거 대신 '부동산 부양'에만 주력한 결과 유럽 선진국에선 전체 주택의 20%에 이르는 장기공공임대비율이 우리는 5%에도 못 미쳐 '주거 빈민'의 고통이 극심합니다. 세금으로 월급 받는 공직자들이 대다수 국민에게 등을 돌린 채 '부동산 부자들'을 위해 뛰는 것을 이렇게 보고 있어야만 할까요.

우리 안의 두바이

사막 위에 금융과 관광, 물류의 허브(중심지)를 만들겠다며 쇠망치 소리를 드높이던 두바이가 마침내 '과속 스캔들'을 내고 말았습니다. 2009년 말, 두바이 최대 국영기업인 두바이월드가 '앞으로 6개월간은 빚을 못 갚는다'며 뒤로 나자빠진 것입니다. 160층이 넘는다는 세계 최고 건물 '버즈 두바이', 찌는 듯한 무더위에도 실내에서 스키를 즐길 수 있는 '스키 두바이', 야자수 모양의 거대 인공 섬 '팜 아일랜드', 7성급 초호화 호텔 '버즈 알 아랍'을 자랑하던 두바이가 사실상 부도국가가 됐다는 얘기입니다. 무려 400억 달러(약 44조 원)를 물렸다는 유럽계 은행 등 채권자들은 사태 직후 두바이가 속한 아랍에미리트UAE의 종주국인 아부다비를 상대로 '내 돈 어떻게 할 거냐'며 채근하는 모습이었습니다.

두바이는 더 이상 고갈되어가는 석유 자원에 기대지 않고 국제 서비스산업의 중심지로 거듭나겠다는 목표 아래 엄청난 속도로 건설투자에 집중해왔습니다. '세계 최고, 최대가 아니면 이 사막까지 누가 보러 오겠느냐'며 외형에 집착했고, 지도자는 당대에 성과를 내기 위해 '빨리빨리'를 외쳤습니다. 두바이의 변화가 '사막의 기적'으로 회자되면서, 저금리 환경에서 갈 곳을 찾아다니던 전 세계의 유동자금이 몰려들었습니다. 두바이 정부는 외국인들이 마음껏 투자할 수 있도록 금융규제를 풀고, 세금을 없애고, 노동쟁의를 철저히 막아주었습니다. 투자는 점점 더 많이 몰렸고, 증시와 부동산에는 엄청난 '거품'이 일었습니다. 그러다가 2008년에 글로벌 금융위기가 본격화되고 외국자본이 썰물처럼 빠져나가자 두바이의 '기적'도 막을 내리게 된 것입니다. 외국자본이 끊임없이 들어와야 지탱할 수 있는 두바이식 성장은 언제 어디서 대형 위기가 터질지 모르는 '금융세계화'의 시대에 결코 지속가능하지 않은 모델이었음이 드러났습니다.

중동의 작은 토후국 두바이의 몰락이 남 얘기로 들리지 않는 것은 이명박 대통령을 포함한 우리나라 정치인과 관료, 일부 언론들이 '두바이를 배우자'고 외쳐왔기 때문입니다. 이 대통령은 서울시장 시절부터 두바이의 셰이크 모하메드 국왕을 '닮고 싶은 지도자'로 꼽았고, 대선에서는 새만금을 '한국의 두바이'로 개발하겠다고 공약했습니다. "두바이에서는 사막을 파서 운하를 만들더라"며 대운하 건설의 필요성을 역설하기도 했습니다. 당선자 시절에는 데이비드 엘든 두바이국제금융센터DIFCA 회장을 국가경쟁력강화특위 공동위원장으로 초빙해 금융규제완화와 외국인투자유치 문제 등을 자문했습니다. 정부 여당이 금산분리, 즉 산업자본이 은행을 지배하지 못하도록 한 규제를 푼 데는 국내 은행 인수에 관심이 많은 두바이 등 중동계 펀드들이 대통령에게 이를 요구한 탓도 있다는 얘기도 있었습니다. 국가안보에 위협이 된다는 각계의 반대에도 불구하고 군용 비행기의 활주로를 틀면서까지 허가한 '제2롯데월드' 건설 역시 '두바이에 푹 빠진' 그의 심리를 감안하면 이해할 만한 일입니다.

두바이는 제주도의 두 배쯤 되는 국토에 인구가 150만 명 남짓이고, 그 중 80%가 외국인 노동자입니다. 무엇보다 세습 군주국이라 왕이 마음만 먹으면 국가 예산의 대부분을 토목사업에 쓸 수도 있고, 기업들에게 부과하는 세금을 없앨 수도 있고, 노동운동은 싹이 나기도 전에 잘라버릴 수 있습니다. 그러나 우리나라는 5,000만 국민의 다양한 욕구가 고루 충족되어야 하고, 법과 절차를 존중해야 하는 민주주의 국가입니다. 두바이가 우리의 모델이 되기엔 애당초 근본적 차이가 컸다는 얘기입니다. 그런데도 이 대통령은 두바이의 '왕'이 하는 식으로 이 나라를 끌고 가려는 욕심을 보였습니다. 절차를 무시한 채 엄청난 속도로 밀어붙인 4대강 공사와 재개발 등 토건사업이 그렇고, 노동운동에 대한 탄압과 금산분리완화 등 분별없는 규제 풀기가 그렇습니다. 두바이는 마침내 '외형에 집착한 과속 토건투자', '실력을 넘어선 금융 개방과 규제완화', '외자 의존 성장'의 쓰디쓴 말로를 보여주었습니다. 비슷한 노선으로 우리 경제를 이끌어온 정부는 긴장해야 마땅합니다. 콘크리트를 쌓아 올려 국토를 개조하려던 두바이의 꿈은 코펜하겐 기후회의 등에서 펄럭인 '환경친화적 성장'의 깃발로 인해 더욱 허망하게 보입니다. '두바이를 배우자'고 외치던 이 나라의 집권층은 이제 정말 배워야 할 게 무엇인지 깨닫게 되었을까요.

탐욕의 회전문,
그리고 모피아

우리보다 몇 백 년 앞서 민주주의를 실험해온 미국에서도 공복公僕의 지위를 자기 잇속 챙기는 자리로 이용하는 관료의 문제는 늘 골칫거리였습니다. 그리 먼 옛날로 거슬러 올라갈 것도 없습니다. 2007년 무렵 터진 미국의 서브프라임모기지 위기는 월스트리트와 밀착한 금융관료들이 파생상품 등과 관련한 규제를 '시장이 원하는 대로' 마구 풀어준 탓이 컸습니다.

빌 클린턴 대통령 때의 로버트 루빈, 조지 부시 정부의 헨리 폴슨 등은 거대 금융사 골드만삭스의 최고경영자에서 재무부 장관으로 변신, 월가의 입맛에 맞게 정책을 펼친 대표적 인물들입니다.

지난 2008년 우리나라를 소용돌이로 몰아넣은 미국산 쇠고기 수입 파동 뒤에도 이렇게 업계와 정부를 오가는 '회전문 인사'의 폐해가 있었습니다. 미국의 축산, 도축업이 불법 이민자들을 주로 착취하는 대표적 저임금, 비위생 산업이 된 데는 업계 요구에 따라 온갖 규제를 풀어준 농무부 정책 탓이 컸습니다. 그리고 그 뒤에는 농무부의 요직을 차지한 축산, 육우 수출업계 출신 로비스트들의 활약이 있었다는 게 미국 언론들의 분석입니다.

폴 크루그먼 교수는 이런 회전문 인사와 로비 등을 통해 정부와 정치권이 재계 입김에 좌우되는 현실에 대해 '금권정치金權政治 Plutocracy의 시대'라며 탄식했습니다. 버락 오바마 대통령이 지난 2009년 취임하자마자 첫 행정명령을 통해 "재계 인사가 고위 공직자가 되고, 공직자가 다시 재계의 로비스트가 되는 탐욕의 회전문을 닫겠다"고 선언한 것은 이 같은 맥락입니다. 오바마의 개혁 작업은 만만치 않은 반발에 부닥쳤지만, 워싱턴의 로비스트 수가 크게 줄어드는 등 가시적 성과도 있었다고 합니다.

저축은행들의 비리를 계기로 국내에선 '모피아Mofia'가 다시 주목받고 있습니다. 옛날 재무부(현 기획재정부 및 금융위원회)의 영문약자인 MOFMinistry of Finance에 이탈리아 폭력조직 마피아Mafia를 붙인 이 이름은 전현직 금융관료들의 이너서클(배타적 모임)을 말합니다. 조폭처럼 똘똘 뭉쳐서 서로 밀어주고 끌어주며 '그들만의 이익'을 추구한다고 해서 비꼬아 부르는 이름이죠. 금융감독원 출신들이 저축은행 감사로 가서 경영 감시 대신 '부조리의 방패'가 된 것은 모피아가 은행, 증권, 보험 등 더 큰 회사들에 투하한 '낙하산'의 행태에 비하면 '새 발의 피'라는 지적도 나오고 있습니다.

모피아 인사들이 금융사나 대기업, 법무회사나 회계법인 등에 몸담고 있다가 장·차관 등 요직에 다시 기용되는 회전문 관행 역시 정책의 공정성을 흔듭니다. 물론 민간에 나간 금융관료 모두가 로비스트가 되는 것은 아닙니다. 하지만 상당수가 직간 접적으로 그런 역할을 합니다. 그리고 현직에 있는 후배들은 그 선배가 언제 상관으로 돌아올지 모르니 부탁을 무시하지 못합니다. 이 관계를 잘 아는 대기업 등은 '거물'을 고문으로 영입한 법무회사에 정책 관련 '해결사' 역을 맡기고, 돈벌이가 쏠쏠한 법무회사들은 거액의 자문료로 '거물'에게 보답하는 것입니다.

역대 정권도 이런 폐해를 잘 알았기 때문에 집권 초기에 개혁을 시도하기도 했습니다. 그러나 소용없었습니다. 현장 실무에 능통하고 조직력이 뛰어난 모피아는 노무현 정부의 '경제개혁 세력'을 2년여 만에 축출했습니다. 모피아에 대한 불신이 있었던 이명박 대통령도 집권 후 얼마 가지 않아 그들을 요직에 전진 배치했습니다.

저축은행 비리를 계기로 금융뿐 아니라 정부 전반에 걸쳐 '낙하산 인사' '회전문 인사' '전관예우前官禮遇'에 대한 개혁 요구가 높았지만, 법무회사에 몸담았던 전직 차관이 이명박 정부 하에서 또 장관으로 지명된 사례 등을 보면서 '떠들어봐야 소용없다'는 허탈감이 커지기도 했습니다. 아무리 법망을 촘촘히 짜도, 인사권자가 이를 무겁게 여기지 않으면 구멍이 숭숭 나게 마련이니까요.

오바마 대통령은 '회전문'을 막는 행정명령에 서명하면서 "공직은 국민의 이익에 절대적으로 봉사하는 자리이지, 자신이나 친구, 기업 고객들의 이익에 봉사하는 자리가 아니다"고 강조

했습니다. 이 나라의 대통령과 고위 공직자들이 진심으로 이런
말을 할 수 있는 날은 과연 언제쯤일까요.

나이키 고무신

우리 사회에 유명 브랜드 신발과 의류가 막 대중화되기 시작했던 30여 년 전, 대학가에서도 은근히 상표를 따지는 분위기가 번져나갔습니다. 청바지의 리바이스나 죠다쉬, 운동화에 붙은 나이키나 아디다스 등의 로고를 과시하거나 그걸 부러워하는 친구들이 꽤 있었습니다. 반면 정치적 억압의 시대에 대학생이 저항의 선봉에 서야 한다고 생각한 학생들은 그런 분위기를 못마땅하게 여겼습니다.

그러던 어느 날, 한 남학생이 학교에 하얀 고무신을 신고 왔는데 친구들이 모두 배꼽을 잡고 뒤로 넘어갔습니다. 고무신 발등에 시커멓게 '나이키'라고 써 넣었기 때문입니다. 누가 봐도 나이키일 리가 없는 하얀 고무신. 그걸 신고 호기롭게 캠퍼스를 누볐던 그는 겉치레에 집착하는 일부 학우들을 꼬집으려 했을 것입니다. 그런데 그 후 저는 그 맥락과 상관없이, 이름과 실상이 맞지 않는 어떤 것들을 볼 때마다 '나이키 고무신'을 떠올리게 됐습니다.

이명박 대통령이 2011년 9월 8일 서울 여의도 중소기업중앙회에서 열린 '제98차 국민경제 대책회의'에서 중소기업인들과 공생발전을 위한 방안에 대해 논의하고 있다. 그러나 이명박 정부는 대기업과 중소기업의 공생을 말하면서도 그 일을 위해 일찌감치 구성했던 동반성장위원회를 식물기구로 만들었다는 비판을 받았다. ⓒ 연합뉴스

이명박 대통령이 취임한 첫 해인 2008년 8·15 경축사에서 '저탄소 녹색 성장'을 내걸었을 때 불현듯 '나이키 고무신'이 떠올랐습니다. 4대강 사업 등 대규모 토목공사로 강바닥을 파내고 습지 등 생태환경을 파괴하면서 녹색 성장이라니. 환경운동가들이 절대 '녹색'으로 인정하지 않는, 가공할 위험을 지닌 원자력 발전소를 더 지어 원전밀집도 세계 1위를 만들고 있으면서 녹색 성장이라니. 이 얼마나 '나이키 고무신스러운' 작명인가요.

이듬해인 2009년에 나온 '친서민 중도실용' 구호도 그랬습니다. 그해 3월 출자총액제한제를 없애는 등 각종 규제를 풀어 재벌의 경제력 집중에 '모터'를 달아주고, 대기업들이 중소기업 텃밭과 자영업자들의 골목상권까지 잠식하도록 해놓고는 친서민이라니요. 대기업과 부유층은 감세의 단맛을 만끽하게 하고, 노동자들에 대해선 '비정규직 100만 해고대란설'까지 퍼뜨리면서 열악한 처우를 고착하려 한 정부가 친서민이라니요.

2010년의 '공정사회' 구호도 마찬가지입니다. 집권 이후 '고소영(고려대 소망교회 영남)', 'S라인(서울시 인맥)' 등의 신조어가 쏟아질 만큼 편향된 인사가 이어졌고, 고위공직 지명자마다 병역기피, 위장전입 등의 비리가 굴비두름처럼 나왔던 이 정권에서 공정이라니요. 차명계좌와 탈세 등으로 유죄판결을 받은 이건희 삼성 회장을 2009년 말 사면함으로써 '유전무죄의 유구한 전통'을 재확인한 이 정부가 공정사회를 외쳤을 때, 많은 이들이 중얼거리지 않았을까요. '너나 잘하세요'라고.

2011년 8·15 경축사에서 이 대통령이 강조한 '공생발전'은

앞서 내놓은 모든 구호의 집대성이었다고 합니다. 대기업과 중소기업의 상생, 개발과 자연생태의 공존, 사회적 약자에 대한 배려 등을 지향한다는 설명입니다. 시대적 요구를 제대로 짚어내긴 했는데, 역시 또 하나의 '나이키 고무신 작명'이 아닌지 의심스러웠습니다. 대기업 중소기업 공생을 말하면서도 바로 그 일을 위해 일찌감치 구성했던 동반성장위원회를 '식물기구'로 만든 정부가 아닙니까. 노동자의 협상력을 높여 정당한 대우를 받게 해야 공생이 될 텐데, 사용자만을 위해 공권력을 동원했던 정부가 아닙니까. 대기업과 부유층에게서 충분한 세금을 걷어 복지 등 안전망을 확충해야 할 텐데, '부자 감세'는 계속하고 복지 확충은 '포퓰리즘'이라 곤란하다는 정부가 아닙니까.

로버트 라이시 미 버클리대 교수는 《위기는 왜 반복되는가》에서 2008년 금융위기의 근본 원인이 대공황 때만큼 극심해진 미국 사회의 소득 불평등을 대출 확대로 미봉하려던 데 있었다고 지적했습니다. 이를 해결하지 못하면 극심한 사회 불안으로 파국을 맞을 것이라고 경고했습니다. 심화되는 양극화, 불어나는 가계부채 등으로 신음하는 우리와 무관하지 않은 진단입니다. 이명박 정부에 이어 박근혜 정부도 그럴듯한 '나이키 고무신 작명'으로 국민을 속이면서 실상은 거꾸로 가는 행보를 거듭한다면 라이시의 전망이 우리의 내일이 될지도 모릅니다.

투기성 외국자금에 세금을

　　　　　　　　　　　　　외국 돈이 '물밀듯' 밀려들어오고 있
습니다. 우리나라를 포함한 신흥 경제국들 얘기입니다. 미국, 유
럽, 일본 등 선진국에서 경기를 살리기 위해 대거 푼 자금이 이자
율이 낮은 자기네 땅에서 마땅한 투자처를 찾지 못하고 금리나
경기 상황이 좀 더 나은 아시아, 남미 등으로 몰려오는 것입니다.
이 때문에 선진국들의 통화가치는 떨어지고 한국, 중국, 브라질,
태국 등 신흥국들의 돈 가치는 올라가 수출로 먹고사는 신흥국
들이 가격 경쟁력을 잃게 돼 당황하고 있습니다.

　　우리나라 같은 신흥국 입장에서는 수출 경쟁력만이 문제가
아닙니다. 선진국 사정 때문에 밀물처럼 들어온 돈은 그쪽 사정
이 달라지면 언제든 썰물처럼 빠져나갈 수 있습니다. 그러면 우
리가 지난 1997년 외환위기 때, 그리고 지난 2008년 서브프라임
위기 때 치렀던 홍역을 다시 겪게 될 수가 있습니다. 국내 주식과
채권 값, 그리고 원화 가치를 밀어 올렸던 외국 돈들이 어느 순간
앞 다퉈 빠져나가면서 주가와 원화 가치가 폭락하고 또 한 번의

외환 유동성 위기가 닥칠 수 있는 것입니다.

현대경제연구원의 분석을 보면 2010년 2·4분기를 기준으로 지난 5년간 글로벌 유동성, 즉 세계를 돌아다니는 돈의 양이 2배로 늘었다고 합니다. 엄청난 증가세입니다. 그런데 앞으로는 더 무서운 속도로 늘어날 전망입니다. 미국 중앙은행인 연방준비위원회가 계속해서 엄청난 달러를 풀 계획이고, 자기네 경제를 살리느라 유럽, 일본도 이에 발맞추고 있기 때문입니다.

그래서 다른 신흥국들은 지금 저마다 살 길을 찾고 있습니다. 세계에서 드물게 투기성 단기자금에 금융거래세[05]를 물리고 있는 브라질은 외국자금 유입이 늘면 세율을 2%에서 4%, 6% 등으로 올리면서 탄력적으로 대응합니다. 태국 정부는 외국인의 채권투자 이익에 15%의 소득세를 물리기로 했고 인도네시아는 외국인 투자금에 대해 최소 한 달간의 의무예치기간을 설정했습니다. 페루, 칠레, 콜롬비아 등도 비슷한 제도를 마련하고 있습니다. 모두 '핫머니', 즉 투기성 단기외화자금이 너무 쉽게 들어왔다 쉽게 빠져나가지 못하도록 '수량 조절용 수문'을 설치하는 것입니다.

그런데 다른 어떤 나라보다 외환위기의 악몽이 생생한 우리나라가 이렇다 할 대책을 마련하지 못하고 있습니다. 우리 금융 당국이 취한 조치라곤 은행들의 선물환 거래에 제한을 두거나 비예금성외화부채에 '거시건전성부담금'을 물리는 것 등인데 이 정도로는 급격히 드나드는 '핫머니'에 영향을 주기 어렵습니다. 야당에서 '우리도 다른 나라처럼 단기 외자에 세금을 물려야 한다'는 입법안이 나왔지만 기획재정부와 여당의 반대로 무산됐습니다. 단기외자에 세금을 물려봤자 큰 효과가 없을 뿐 아니라 자칫하면 전반적인 금융거래가 위축된다, 외국자본이 홍콩 등 다른 시장으로 가버릴 것이라는 등의 이유였습니다.

정부의 우려가 아주 근거 없는 것은 아니지만, 지금은 늘 하던 얘기를 반복하며 손 놓고 있을 때가 아니라고 생각합니다. 이런 식으로 가다간 또 한 번 '외환 토네이도'의 회오리에 휘말릴 수 있습니다. 노벨 경제학상 수상자 제임스 토빈의 말대로 너무 빨리 돌아가는 국제 금융의 바퀴에 약간의 '모래'를 뿌리는 조치가 필요합니다. 브라질의 금융거래세는 토빈이 제안한 단기외자 대상 과세, 즉 '토빈세'의 아이디어를 가져온 것입니다. 우리도 외환과 파생상품 등 투기성이 강한 단기자금 거래를 대상으로 이런 세제를 도입할 필요가 있습니다. 브라질의 경우를 보면 그 나라 경제가 장래성이 있는 한 세금을 약간 물린다고 해서 금융거래가 급격히 위축되진 않으며, 여기서 나온 세수는 악화되는 재정을 확충하는 좋은 대안이 될 수 있습니다.

선진국들 눈치를 너무 볼 필요도 없습니다. 대체로 미국, 유럽의 이해를 대변하는 국제통화기금도 최근 고위당국자 발언과 보고서 등을 통해 "아시아에 급격히 유입되는 자본이 과도한 대출, 자산 거품, 금융 불안정을 초래할 수 있다"며 "위기를 막기 위해 자본에 대한 규제도 정당화될 수 있을 것"이라고 말했습니다. 감당할 수 없는 상황에서 댐이 터지기 전에, 우리 스스로 수문을 여닫을 수 있는 장치를 서둘러 마련해야 합니다.

'현금인출기 한국' 방치하다 망할라

그리스 위기의 여파로 2012년 상반기에도 국내 주가가 급락하고 원·달러 환율이 치솟는 등 금융시장이 또다시 큰 파동을 겪었습니다. 외부에서 위기가 발생할 때마다 우리나라 금융시장이 세계에서 가장 큰 충격을 받는 모습입니다. 이는 우리나라의 경제 규모에 비해 금융시장 개방도가 너무 크고, 수출입 등 무역의존도도 높은데다 이미 한 번 외환위기를 겪은 나라에 대한 '낙인효과'도 작용하기 때문이라고 할 수 있겠습니다. 우리나라 금융시장은 외국인이 들고 나는 데 규제가 거의 없어서 '글로벌 현금인출기'라는 말까지 있을 정도입니다. 2000년대에 자본자유화가 본격화한 이후 국내에 들어온 외국인 자본의 85%가 주식·채권 등 수시입출입성자금으로 집계되고 있습니다. 투기자본이 대거 드나들면서 금융시장의 취약성이 커진 것이죠.

현재 주식시장 시가총액의 대략 35% 정도인 400조 원 정도를 외국인이 갖고 있고, 채권시장의 외국인 보유잔액도 약 85조

2009년 3월 2일 원·달러 환율이 1,600원 가까이 치솟자 서울 명동 외환은행 본점에서 한 딜러가 머리에 손을 얹은 채 곤혹스러운 표정을 짓고 있다. 외부에서 위기가 발생할 때마다 우리나라 금융시장은 세계에서 가장 큰 충격을 받는다. 이는 우리나라의 경제 규모에 비해 금융시장 개방도가 너무 크고, 수출입 등 무역의존도도 높은데다 이미 한 번 외환위기를 겪은 나라에 대한 '낙인효과'도 작용하기 때문이다. ⓒ 경향신문

원으로 지난 2006년의 4조 원에서 수십 배로 늘었습니다. 파생
상품 시장에서 외국인 거래량도 30~40%의 비중을 차지하고 있
고요. 금융뿐 아니라 실물부문의 대외의존도도 높습니다. 2010
년 기준 국내총생산 대비 수출입액의 규모가 102%입니다. 이는
일본, 미국 등 대외의존도가 낮은 나라에 비해 무려 4배 수준입
니다. 그래서 해외 시장 상황이 나빠지면 수출 감소 등으로 실물
경제에도 직격탄을 맞게 되죠.

우리나라는 지난 1992년 자본시장 개방을 처음 시작할 때
만 해도 상당히 신중한 접근을 했습니다. 그러나 1996년 경제협
력개발기구 가입을 앞두고 선진국들의 압력에 따라 개방 폭을
대폭 확대했습니다. 그러다 1997년 외환위기를 맞았고, 이때 국
제통화기금 등 외부 압력으로 거의 완전 개방을 추진하게 됐죠.
1998년 5월 상장주식과 채권에 대한 외국인 투자한도를 없앴고,
1999년과 2001년의 1, 2차 외환자유화를 통해서 외환시장 빗장
도 완전히 풀었습니다. 외국인이 국내 주식과 채권, 외환투자에
거의 아무런 규제를 받지 않아서, '세계에서 가장 높은 수준의 개
방도'라는 평가를 받고 있을 정도입니다. 특히 앞으로 한미 자유
무역협정FTA, 한유럽연합 FTA의 효과까지 본격화하면 외국인의
영향력은 더욱 커질 것으로 보입니다.

이렇게 금융과 무역의 대외의존성이 높기 때문에 그리스, 스
페인 등 유럽 상황이 앞으로 더욱 나빠지면 2008년 글로벌 금융
위기 때 못지않게 한국 경제가 타격을 받을 것이란 전망도 없지
않습니다. 잠깐 2008년 당시 우리나라 금융시장 상황이 어땠는

지 돌아볼까요. 당시 언론들이 '금융시장 패닉', '공황 상태'라고 묘사할 정도였습니다. 미국 굴지의 투자은행 리먼 브라더스의 파산으로 전 세계에 엄청난 충격파가 퍼졌던 2008년 9월과 10월 당시에 주가는 연초 1,800대였던 코스피지수가 900선대(2008년 10월 24일 938.75)까지 폭락했습니다. 또 원·달러 환율은 달러당 1,000원 내외에서 1,500원대(2009년 3월 1,570원)까지 치솟았고요. 이런 일은 그 후에도 여러 번 반복됐습니다. 2011년 8월 신용평가회사인 스탠더드 앤 푸어스S&P가 미국의 신용등급을 한 단계 강등했을 때도 미국의 주가가 7% 빠지고 신흥국 주가 평균이 11% 떨어지는 동안 우리나라의 코스피지수는 무려 17%나 폭락했습니다. 우리나라 증시가 세계에서 가장 큰 타격을 입은 것이죠.

그리스, 스페인 등 유럽의 위기가 현재진행형이니 상황이 더 나빠지면 우선 유럽계 자금이 대규모로 빠져나갈 가능성이 높습니다. 우리나라의 장단기외채 약 4,000억 달러 중 유럽계로부터 빌린 자금이 절반가량이라고 하니 굉장히 비중이 큰 셈입니다. 유럽 상황이 나빠지면 유럽계 은행들이 국내 은행에 빌려준 자금을 회수하거나 더 이상 만기를 연장해주지 않을 가능성이 높습니다. 그러면 국내 은행들은 외환위기 당시처럼 외화자금 압박을 받게 될 것입니다. 또 국내 주식시장의 총 외국인 보유액 중 유럽계가 차지하는 비중이 28% 정도이고, 채권시장의 외국인 보유금액 중 유럽계 투자 비중도 27% 정도 된다고 합니다. 이들이 급격히 자금을 회수하면 주가는 내려가고 환율은 오르는 불안한 상황이 나타날 것입니다. 실제로 2011년 하반기에도 유럽 사정이 나빠지자 유럽계 투자자들이 대규모로 채권과 주식을 팔아 국내 주가 하락과 환율 상승을 주도한 일이 있습니다.

외국인 자금의 급격한 유출입으로 경제가 흔들리는 일을 막기 위해서는 안전장치가 필요한데, 급격한 외환 유출입을 막기 위해 정부도 나름대로 고민을 하고 있지만 대책이 충분치 않은 형편입니다. 정부는 그동안 은행들의 '선물환포지션 관리'를 강화해서 실질적으로 빌려오는 외화를 줄이는 정책을 추진했습니다. 또 외국인이 국내 채권에 투자하면 그 수익에 대해 세금을 물리지 않던 혜택을 없앴고, '은행세bank levy'로 불리는 외환건전성 부담금을 은행들의 장단기 외화 대출금에 차등적으로 부과해서 단기외채를 상대적으로 줄이는 효과를 거두기도 했습니다. 또 외환보유고를 확충해서 2011년 말 기준으로 3,168억 달러, 세계 7위 수준의 외환보유고를 쌓아놓기도 했습니다. 1997년 외환위기 당시 불과 수십억 달러였던 데 비해 엄청나게 늘어난 것이고 2008년 글로벌 금융위기 당시에 비해서도 1,000억 달러 이상 늘어난 수준입니다. 그러나 이것으로는 위기 대응에 충분하지 않고 미국, 일본 등 주요국들과의 통화스왑계약을 확대 체결하는 등 추가적인 안전장치가 더 필요하다고 전문가들은 지적하고 있습니다. 특히 무엇보다 단기투기자금 유출입을 완화할 수 있는 근본적인 대책이 요구되고 있습니다.

여기서 '토빈세' 혹은 금융거래세 등 단기투기자금의 유출입을 규제하기 위한 조세제도를 도입해야 한다는 주장에 대해 살펴볼까요. 토빈세는 1981년 노벨 경제학상을 받은 제임스 토빈 교수가 1972년에 처음 제안한 것으로, '국경을 넘나드는 자금에 약간의 세금을 부과해서 단기투기성 외화자금의 유출입을 억제하자'는 취지입니다. 브라질이 대표적으로 금융거래세를 도입한 나라인데, 단기성 외화자금에 2009년부터 거래세를 2% 부과했다가 자금 유입이 늘자 4%, 6% 등으로 인상했습니다. 브라질은 외국인 투자가 줄면 세율을 낮추는 등 정책에 유연성을 발휘하고 있습니다. 2011년의 경우 외국인 투자가 급속히 늘자 한 해 동안에도 세 차례나 세율을 올렸다고 합니다. 브라질의 경우를 보면 결국 외국인 투자의 유출입은 세금의 존재보다 그 나라에서의 투자수익성에 좌우된다는 것을 알 수 있습니다. 브라질의 경우 금융거래세에도 불구하고 상대적으로 높은 금리와 탄탄한 경제 성장에 힘입어 외국인 자금 유입이 이어지고 있는 것입니다.

유럽의 경우 유로화를 사용하는 17개 유로존 국가 가운데 독일, 프랑스, 이탈리아, 스페인 등 11개국이 이르면 오는 2014년부터 역내 주식 채권 파생상품 등에 토빈세 개념의 금융거래세FTT를 부과하기로 합의했습니다. 우리나라의 경우도 민주통합당 민병두 의원이 2012년 말에 외국환거래세를 도입하자는 법안을 발의한 일이 있습니다. 이 법안은 독일 경제학자 폴 B. 스판이 토빈의 아이디어를 보완해서 제시한 '2단계 토빈세'를 적용한 것인데, 평소에는 외환거래에 0.02%의 낮은 세율을 적용하다가 투기적인 수요로 환율이 일정 범위를 벗어나면 10~30%의 '징벌적 세금'을 부과하는 것입니다. 이런 세금이 생기면 일상적 외환 거래에 큰 부담을 주지 않으면서 외환투기에 효과적으로 대응할 수 있는 수단이 될 것입니다. 외환시장의 거래 규모가 꽤 크기 때문에 아주 낮은 세율을 적용해도 복지재정 등으로 활용할 수 있는 재원도 어느 정도 확보할 수 있고요. 정부 여당의 반대로 이 법안은 처리되지 못했지만 지금부터라도 적극적으로 검토할 필요가 있습니다. 대외 변수에 취약한 우리 외환시장의 안정성을 높이고, 정부 정책이 투기자본에 휘둘릴 여지도 줄이고, 조세의 형평성도 높일 수 있을 것이기 때문입니다. 다만 새로운 제도의 실효성과 현실성을 높이기 위해 정부당국과 조세 및 금융 전문가, 시장거래 참여자들이 머리를 맞대고 설계를 치밀하게 해야 할 필요가 있습니다. 물론 세금을 싫어하는 금융자본의 방해 공세를 차단할 강력한 정치적 의지가 무엇보다 중요할 것입니다.

1996년 그리고 2011년

"우리의 여건과 실력을 생각하지 않고
무리하게 자본시장을 열었다간 단기투
기자금(핫머니)의 급격한 유출입 등으로
멕시코처럼 외환위기를 당할 수 있다."

1996년 김영삼 정부가 '선진국클럽'이라는 경제협력개발기구 가입을 위해 금융 개방 등을 밀어붙일 때, 경제정의실천시민연합 등 시민단체와 일부 경제학자들은 이렇게 반대 목소리를 냈습니다. 1994년 OECD에 들어간 멕시코가 가입 조건 충족을 위해 과도한 개방을 했다가 1년도 안 돼 외환위기로 고꾸라진 것을 목격했기 때문입니다. 그러나 당시 정부와 관변 경제학자들은 "우리는 멕시코와 다르다"며 묵살했습니다. 나아가 "국제 규범을 들여와 우리의 제도와 관행을 획기적으로 고쳐야 빨리 선진화를 이룰 수 있다"고 주장했습니다. 주요 언론은 정부의 논리를 그대로 받아썼고, 반대 목소리를 실어준 신문과 방송은 극소수에 불과했습니다.

그해 말 한국은 '소원대로' OECD 회원국이 됐습니다. 그러나 바로 이듬해, 국가부도 직전까지 가는 외환위기로 국제통화기금의 구제금융을 받는 신세가 되고 말았습니다. 위기의 원인은 복합적이지만 과도한 금융 개방이 촉매가 된 것은 분명했습니다. 줄줄이 간판을 내린 기업들, 문 닫은 가게들, 거리로 쫓겨난 실직자들, 보육원이나 친척집으로 보내진 아이들, 노숙자가 된 가장. 그때의 충격과 고통은 아직도 많은 사람들의 삶 속에 깊은 상처로 남아 있습니다.

2011년 11월, 15년 전의 낡은 필름이 돌아가는 것 같은 풍경이 펼쳐졌습니다. 진보적 시민단체와 야당들은 "한미 자유무역협정이 발효하면 정책 주권이 제한되고, 농어촌이 무너지고, 양극화 심화로 국민의 삶이 피폐해질 것"이라며 '비준 반대'를 외쳤습니다. 반면 정부 여당과 일부 전문가들은 또 한 번 "시장을 활짝 열고 선진국의 규범에 맞춰 정책을 합리화해야 세계화된 경제에서 살아남을 수 있다"고 말했습니다. 상당수 언론들이 정부의 주장을 받아쓴 것도 당시와 비슷했습니다. 다만 이번에는 시민사회와 야당, 진보 언론 등의 반대와 저항이 훨씬 질기고 강력하다는 차이가 있었습니다.

조금만 주의해서, 편견 없이 양쪽의 주장을 대조해보면 '한미 FTA가 줄 수 있는 이익은 막연하고, 그 부작용과 폐해는 뚜렷하다'는 지적을 이해할 수 있습니다. 자동차, 전자 등 우리 대기업들이 경쟁력을 갖는 수출 분야에서 약간의 관세 인하 효과가 예상되지만 이미 현지 생산이 많은 구조에서 그리 큰 의미는 없어 보입니다. '향후 10년간 5% 이상의 국내총생산 증가, 35만 개의 일자리 창출'이라는 국책연구소 전망은 2010년 서울에서 열린 주요 20개국 정상회의의 경제적 효과가 수십조, 수백조 원이라고 했던 보고서들만큼이나 근거가 허약해 보입니다. 반면 농산물 개방으로 인한 농어촌 피해와 의약품의 '특허·허가연계'로 인한 약값 상승 등 일부 산업과 소비자 손실은 정부 스스로도 인정하고 있습니다.

게다가 앞으로 양극화 해소와 저출산 고령화 대처를 위해 중소기업 지원이나 복지 정책을 강화해야 할 정부가 투자자국가소송제ISD로 발목을 잡혀 꼼짝 못할 가능성을 부인하기 어렵습니다. 2000년 이후 미국 기업들의 ISD 활용 사례가 부쩍 늘고 있다는데, '가장 폭넓은 개방'을 '가장 호전적인 국가'에 약속하면서 '강력한 ISD'를 도입한 한미 FTA의 후유증을 과연 걱정하지 않아도 될까요.

지혜로운 사람은 남의 실수를 보고 깨닫고, 평범한 사람은 자신의 실수를 통해 배우며, 어리석은 사람은 거듭된 실수에도 고치지 못한다고 합니다. 1997년 외환위기 전에 멕시코의 실패에서 배우는 '지혜'는 갖지 못했지만 직접 고통을 겪은 후에도 무리한 개방의 폐해를 경계하지 않는 '어리석음'은 피해야 했는데, 한미 FTA는 결국 발효하고 말았습니다. 미국은 두 번이나 재협상을 요구해 협정문을 고쳤는데, 우리는 온갖 독소조항을 감수하며 마냥 끌려 다녔습니다. 안타깝게도 발효 이전에 우리의 이

익을 지키는 데는 실패했지만 우리 미래에 '독'이 될 조항들을 최
소화하기 위해 이제라도 재협상에 박차를 가해야 합니다.

2부

휠체어 재벌과 철탑 위의 노동자들

삼성 판결 혹시나?
역시나!

일본의 독도 도발과 금강산 관광객 피격사건 등에 많은 사람들의 관심이 쏠려 있던 2008년 7월, 이에 못지않게 중대한 사건 하나가 비등점을 향해 조용히 끓어오르고 있었습니다. 삼성의 편법 경영권 승계와 배임, 탈세의혹 등을 다룬 비자금사건 재판이 그것입니다. 2007년 10월 말 김용철 변호사의 폭로와 함께 세상을 강타했던 이 사건은 특검의 '김빼기' 수사와 주요 피의자들의 불구속 기소 후 세간의 관심에서 잠깐 비켜나 있었습니다. 그런데 이때 1심 재판부가 이건희 삼성그룹 회장 등에 대해 '법의 심판'을 내리게 됐던 것입니다.

조준웅 특별검사는 2008년 7월 10일 결심공판에서 '중형을 받아 마땅한 죄'라고 지적하면서도, 이런저런 정상참작 사유를 들어 이 회장에게 징역 7년, 추징금 3,500억 원을 구형했습니다. 배임과 조세포탈은 최고 무기징역까지 가능한 범죄인데, 무려 1,000억 원대의 탈세와 배임 등에 대한 구형 치고는 가볍다는 지적이 많았습니다. 그렇다면 재판부는 어떤 결론을 내길 것인가,

눈길이 쏠렸습니다.

　사람들은 두 가지 가능성을 거론했습니다. 하나는 정몽구 현대기아자동차 회장의 예를 따라가는 것입니다. 회사 돈으로 1,034억 원의 비자금을 만들고 631억 원을 횡령한 정 회장에 대해 지난 2007년 1심 재판부는 3년의 실형을 선고했지만 법정구속은 하지 않았습니다. 그리고 2심 재판부는 집행유예와 사회봉사명령으로 그를 자유롭게 해주었습니다. 엔론과 월드콤 등 회계 부정 사건으로 기소된 미국 경영자들이 25년 내외의 징역과 전 재산 몰수 등 가혹한 벌을 받고 재기할 생각조차 못하게 된 것과 큰 거리가 있지요.

　박용성 전 두산그룹 회장 역시 지난 2006년 2,800억 원의 분식회계와 286억 원의 회사 돈 횡령 등에도 불구하고 집행유예 판결을 받고 경영 현장에 복귀했습니다. 중죄를 지은 재벌 총수들이 '온정적인 판결'로 쉽게 풀려나곤 하는 우리의 '후진적' 현실은 해외 언론의 비웃음을 사기에 충분했습니다. 영국의 파이낸셜 타임스는 특히 재벌 총수들이 '건강 악화'를 호소하며 너나없이 휠체어를 타고 법정에 드나드는 것을 보고 "한국 재벌들은 일만 터지면 휠체어로 탈출한다"고 비꼬기도 했습니다. 국민들 사이에서는 '돈이 많으면 무슨 죄를 지어도 벌을 안 받는다'는 '유전무죄有錢無罪' 인식이 굳어지면서 사법부에 대한 믿음이 땅에 떨어지기도 했습니다.

　이와 상반된 판결의 가능성을 내다보는 사람들도 있었습니다. 이즈음 '화이트칼라 범죄'를 단호히 다루겠다고 공언한 사법

←서울 서초동에 새로 들어선 삼성그룹 본관 전경. 국내 최대 재벌 삼성은 정치와 경제, 사법, 언론 등에 막강한 영향력을 행사하고 있다. ⓒ 연합뉴스

↓2008년 7월 삼성비자금사건 1심 결심 공판에서 징역 7년형을 구형받고 나온 이건희 회장. 그러나 그는 곧 집행유예를 거쳐 사면되었다. 그는 어떤 죄를 지어도 국내에서 벌을 받지 않는 '특별한' 사람이다. ⓒ 경향신문

부가 그야말로 '법대로' 판결을 하는 것이죠. 일부 언론은 이번 사건의 재판부가 특검이 소홀하게 다룬 혐의에 대해서도 증거 제출을 요구하는 등 적극적인 진실 규명 의지를 보여왔다고 전하기도 했습니다. 재판부가 최대 재벌 삼성의 가공할 정치경제적 영향력에 휘둘리지 않고, '누구에게나 공평한' 법치의 원칙을 보여줄지도 모른다는 기대가 그래서 은근히 높아지기도 했습니다.

이와 관련해서 주목할 만한 판결이 있었습니다. 위장 계열사에 1,600여억 원을 부당지원하고 7억여 원의 회사 자금을 횡령한 혐의로 기소된 김석원 전 쌍용그룹 회장이 징역 4년의 실형을 선고받은 일입니다. 불구속 기소됐던 김 전 회장은 법정에서 구속됐습니다. 이례적인 일이었죠. 김 전 회장의 혐의는 이건희 회장에 비하면 '새발의 피'였습니다. 이 회장과 삼성 주요 경영진은 금융실명제법을 위반하면서 1,199개의 차명계좌에 4조 5,000억 원대의 비자금을 굴렸습니다. 1,128억 원의 세금을 탈루했으며, 아들에게 재산을 몰아주기 위해 주주들에게 최소 969억 원의 손해를 끼친 혐의를 받고 있었습니다. 특검이 수사를 제대로 안 한 부분이지만, 정·관계와 검찰 등 권력기관을 대상으로 조직적인 금품 로비를 벌였다는 정황도 드러났습니다. 김 전 회장의 예를 따른다면 이 회장에게는 한층 무거운 선고가 불가피했던 상황입니다.

서구 경제학자들은 자본주의 발전에 매우 중요한 조건으로 '법의 지배'를 꼽습니다. 법의 지배가 이뤄진다는 것은 경제 주체들이 지켜야 할 규칙이 명확하게 정의되고, 이를 어겼을 때 처벌에 예외가 없다는 뜻입니다. 그래야 공정한 경쟁이 가능하고 외국자본도 안심하고 투자하며, 혁신과 발전이 가능하다는 것입니다. 당시 삼성비자금 재판은 우리 사회가 '법의 지배'라는 관점에서 선진국으로 발돋움할 준비가 되었는가를 보여주는 시금석으로 주목되었습니다. 정상참작이니 하며 구태의연한 판결이 나온다면 한국 경제는 또 한 번 허무한 뒷걸음질을 하고 말 것이라는 경고도 나왔습니다.

자 그렇다면 결과는? 아시다시피 이건희 피고인에 대한 처분은 정확히 정몽구와 박용성 피고인의 뒤를 따랐습니다. 한국 자본주의는 한 걸음 전진할 기회를 놓쳤습니다.

김용철과 마르코폴로스

　　　　　　　　　우리나라 최대 재벌의 비리를 고발
한 책《삼성을 생각한다》가 소리 없이 베스트셀러가 되고 있던
2010년 3월, 미국에서는《아무도 들으려 하지 않았다No One Would
Listen》라는 제목의 책이 비상한 관심을 모으며 출간됐습니다. 지
난 2008년 말 세계 금융가를 발칵 뒤집어놓았던 버나드 메이도
프 사건을 다룬 논픽션이었습니다. 무려 650억 달러(약 71조 원)
에 이르는 기록적 손실, 재산을 잃은 사람들의 자살 등 충격적
인 사건의 경과를 생생하게 담고 있었습니다. 이 책이 더욱 눈길
을 끄는 것은 '인생 파산을 감수하며' 삼성 고발에 나선 김용철
변호사처럼 저자인 해리 마르코폴로스가 '죽음의 위협을 무릅쓰
고' 금융계 내부고발자whistle blower를 자임한 기록이었기 때문입
니다.

　　월스트리트의 투자분석가였던 마르코폴로스는 메이도프가
'결코 실패하지 않는 투자'로 명망을 높여갈 때 도대체 그의 비
결이 뭔지 궁금해서 기록을 들여다보기 시작했다고 합니다. 숫

자에 밝은 이들을 일컫는 이른바 '퀀트quant'였던 그는 메이도프가 투자자들에게 보낸 자료의 숫자들이 앞뒤가 맞지 않다는 사실을 단박에 알아차렸습니다. 이것은 사기다! 금융계에서 잔뼈가 굵은 동료들과 정밀 분석을 거친 그는 메이도프가 뒤에 들어오는 사람의 돈으로 먼저 투자한 사람에게 수익금을 주는 폰지 스킴Ponzi Scheme, 즉 일종의 피라미드 사기를 벌이고 있다는 것을 알아챘던 것입니다.

그런데 문제는 이때부터였습니다. 금융 부조리를 감시하고 뿌리 뽑아야 할 증권거래위원회SEC가 고발을 받고도 도대체 움직이지를 않는 것이었습니다. 기술주 중심 증시인 나스닥NASDAQ의 회장까지 지낸, 미국 금융계 최대 거물 중 하나인 메이도프가 사기꾼일 리가 없다는 게 SEC의 반응이었습니다. 아무리 증거를 거듭 들이밀어도 금융 전문가가 아닌 법률가들, 그리고 메이도프의 친구들이 지배하고 있는 SEC는 이해하지 못했고 알아보려고도 하지 않았다고 합니다.

2000년에 시작된 마르코폴로스의 외로운 투쟁은 글로벌 금융위기로 더 이상의 자금을 끌어들이지 못한 메이도프가 무너지면서 9년 만에 막을 내렸습니다. 그사이 금융 비리 조사 전문가로 직업까지 바꾼 그는 메이도프가 자신과 가족을 해칠지 모른다는 두려움 때문에 늘 총을 지니고 다니는 등 엄청난 스트레스에 시달렸다고 합니다. 마침내 승리했지만 그는 씁쓸함을 감추지 못합니다. "처음 고발했을 때 막았다면 100억 달러대에 그쳤을 피해가 6배로 커졌다."

2007년 10월 김용철 변호사가 천주교정의구현사제단과 함께 삼성비자금을 폭로하고 있다. 그러나 그 누구도 삼성에게 벌을 주지 못했고, 세상은 바뀌지 않았다. 김용철 변호사는 "삼성 재판을 본 아이들이 정의가 이기는 게 아니라 이기는 게 정의라고 생각할까봐 두렵다"고 말했다. ⓒ 경향신문

마르코폴로스의 증언은 부조리를 감시해야 할 공적 기관들이 제 몫을 다하지 않을 때, 그 사회가 얼마나 큰 대가를 치르게 되는지를 웅변하고 있습니다. 비록 상처뿐인 영광일지라도 '정의가 승리한다'는 것을 확인한 마르코폴로스의 여정은 삼성에 대한 고발이 아직도 진행 중인 우리 사회를 돌아보게 합니다. 김용철 변호사의 책은 차명계좌를 이용한 비자금 조성과 정·관계 로비, 탈법적인 경영권 상속과 이사회 등의 기록 조작, 수사기관을 속이기 위한 위증 훈련 등 삼성 최고경영진의 가공할 비리를 낱낱이 폭로하고 있습니다. 이런 과정에 개입한 김 변호사 자신의 범법 행위도 숨기지 않았습니다. 사실이 아니라면 명예훼손 등으로 저자가 붙잡혀 가야 할 일이고, 사실이라면 당국이 나서서 응분의 조치를 해야 할 상황입니다. 그러나 검찰과 금융당국 등 책임 있는 기관에서는 '아무도 들으려 하지 않는' 모습입니다. 하기야 이미 기소된 혐의에 대해서도 솜방망이 처벌에 이어 사면 조치까지 이뤄졌으니 '새삼 들춰봐야 무엇하랴'는 생각인지도 모르겠습니다. 걱정되는 것은 이미 10만 부가 넘게 팔린 이 책을 읽은 독자들, 특히 청소년들의 반응입니다. 이런 일들이 폭로되었는데도 아무런 변화가 일어나지 않다니, 법치주의는 뭐고 정의는 뭐라고 생각할까요. 김용철 변호사는 "삼성 재판을 본 아이들이 정의가 이기는 게 아니라 이기는 게 정의라고 생각할까봐 두렵다"고 말했습니다.

마르코폴로스가 처음 금융 사기를 고발했을 때 당국이 팔을 걷어붙이고 나섰다면 미국인들의 피해는 훨씬 줄었을 것이고 메이도프 자신도 150년형을 선고받는 지경까지는 가지 않았을 것입니다. 삼성과 대한민국은 어떨까요. 공권력이 귀를 막고, 언론이 입을 닫고, 아무것도 고치지 않은 채 언제까지나 달릴 수가 있을까요.

기가 막히고
코가 막힌다, 그죠?

KBS 프로그램 〈개그콘서트〉의 인기 코너 중 하나였던 '두 분 토론'에서 남하당 대표가 "남자는 하늘"이라며 한바탕 궤변을 늘어놓으면 여당당 대표가 꼭 붙이는 말이 있습니다.

"차~암 기가 막히고 코가 막힌다, 그죠?"

남 대표의 적반하장, 안하무인, 막무가내 주장에 슬슬 혈압이 오르던 여성 시청자들은 이 한마디에 와르르 웃으며 그녀의 다음 활약을 기대하곤 했습니다. 그런데 현실에서는 이런 우스개가 아닌 '멀쩡한' 언행들이 우리를 종종 '기가 막히고 코가 막히게' 만드는데, 시원하게 쏘아붙여줄 여당당 대표가 없어 무척 아쉬울 때가 있습니다.

2011년 중반 삼성테크윈 문제와 관련해 이건희 삼성그룹 회장이 한 발언이 대표적인 경우입니다. 이 회장은 임직원들의 비리를 보고받고는 "삼성의 깨끗한 조직문화가 훼손됐다"며 크게 화를 냈다고 합니다. 이 얘기를 전달한 언론들은 이 회장이 조직

내 부패 척결에 대해 강력한 의지를 보였으며, 이처럼 단호한 조치는 다른 대기업들에게도 긍정적인 영향을 줄 것이라고 높이 평가했습니다. 이 대목에서 '어이없음'을 느끼며 여당당 대표의 한마디를 목말라했던 사람이 한둘이 아니었을 것입니다.

'삼성의 조직문화가 깨끗했나? 그 깨끗한 문화가 일부 계열사 임직원들 때문에 훼손됐나? 그렇다면 세상을 뒤흔들었던 삼성 비자금 사건, 즉 이 회장과 고위 경영진이 수조 원의 자금을 차명계좌에 불법 관리하고, 1,000억 원이 넘는 세금을 탈루해 사법 처리된 그 사건은 뭐란 말인가. 이 회장의 자녀들에게 재산과 경영권을 편법 상속하기 위해 온갖 불법 수단을 동원했던 가신들이 조직 내에서 승승장구하고 있는 이 현실은 뭐란 말인가. 아무래도 이 회장 자신이 부패한 조직 문화의 총책임자 같은데, 누가 누구에게 질책을 한다는 것인가?'

이 무렵 공직자들의 부패 사건과 관련해서 보여준 이명박 대통령의 언행도 이에 못지않았습니다. 이 대통령은 저축은행을 둘러싼 금융감독원과 감사원의 부조리에 이어 국토해양부 공무원 부패 사건이 터지자 "나라가 온통 썩었다"고 질타했습니다. 자신에겐 아무 책임이 없고 아랫사람들이 잘못해 공직사회가 오염됐다는 말투였습니다. 하지만 개각을 할 때마다 부패 의혹투성이의 인물들을 지명하고, 중립적이고 깨끗해야 할 감사위원에 측근을 임명하고, 공기업과 산하 단체 등에 '낙하산'을 내려 보내 조직기강을 흐린 책임자는 누구입니까. '성장지상주의' 정책 아래 '속도전'을 독려하면서 마땅히 존중해야 할 법제도와 절차를

무시하고 비판과 이견을 억눌러 공직사회의 '자정 기능'이 작동
되지 못하게 한 장본인은 과연 누구란 말입니까.

서양 속담에 "생선은 머리부터 썩는다"는 말이 있습니다. 조
직의 부패는 가장 상층부에서 시작된다는 얘기입니다. 최고 책
임자가 높은 도덕성을 갖고 언행일치를 보여준다면 아랫사람들
이 감히 엉뚱한 생각을 하기 어렵습니다. 일부에서 문제가 벌어
져도 '일벌백계'로 다스리니 조직 전체가 오염되진 않습니다. 삼
성 조직에 부패가 만연했다는 것을 깨달았을 때, 공직사회의 부
조리가 심각하는 것을 확인했을 때 가장 큰 책임을 느끼고 자성
해야 할 사람은 바로 이 회장과 이 대통령 아니었을까요. "책임을
통감한다" "나부터 달라지겠다"는 반성과 각오 없이 손가락질만
하는 리더에게서 변화와 개혁의 희망을 보긴 어려웠습니다. "기
가 막히고 코가 막힌" 국민의 탄식이 깊어질 뿐이었습니다.

말로는
가르칠 수 없는 것

“모든 국민이 정직했으면 좋겠습니다. 거짓말 없는 세상이 되기를 바랍니다.”

2010년 2월 5일 호암 이병철 탄생 100주년 기념행사에서 이건희 삼성그룹 회장이 이런 말을 한 것으로 보도되자 여기저기서 ‘버럭’하는 반응들이 나왔습니다. 한 인터넷 신문엔 이런 댓글이 달렸습니다. “왜 내가 당신에게 이런 소리를 들어야 하는데? 당신 자녀들과 자신에게 해야 하는 소리 아닌가?”

그 얼마 전에 이 회장이 미국 라스베이거스 가전쇼CES에서 “사회 각 부문이 정신을 차려야 한다”고 말했을 때도 ‘발끈’한 사람들이 많았습니다. ‘정말 정신을 차려야 할 사람은 이 회장 자신’이라는 반응이었죠. 우리나라 최대 기업의 대주주이자 경제계 원로가 ‘지당한 말씀’을 한마디 했을 뿐인데 이렇게 ‘군소리’가 터져 나온 이유는 무엇일까요? 아마도 많은 사람들이 삼성 엑스파일, 비자금, 차명계좌, 탈세, 편법 경영 승계의 스캔들과 유죄 확정 판결, 그리고 특별사면으로 이어지는 '파노라마'를 생생하게 기억하기 때문일 것입니다. 충격적인 범죄 혐의가 드러나자 다시는 돌아오지 않을 것처럼 은퇴 선언을 했던 이 회장이 사면되기 무섭게 국민을 향해 훈계를 하는 모습은 썩 어울리지 않는 게 사실이죠. 그런데 이젠 좋든 싫든 그가 경영 무대의 한복판으로 돌아와 국민을 향해 더 많은 '쓴소리'를 날리는 모습을 볼 가능성이 높은 것 같습니다. 다른 기업인들의 사례를 볼 때 그렇습니다.

박용성 두산중공업 회장의 경우를 볼까요. 박 회장은 대한상공회의소 회장으로 활동하면서 정부와 노조 등을 거침없이 비판해 '미스터 쓴소리'로 불린 인물입니다. 그러나 2005년 회사 돈 286억 원을 횡령하고 2,800여억 원을 분식회계 한 혐의 등이 드러나 유구무언의 처지가 됐습니다. 두산그룹 회장직과 상의회장직을 내놓을 수밖에 없었죠. 하지만 이건희 회장과 마찬가지로 구속되지 않은 채 수사와 재판을 받았습니다. 유죄가 인정됐지만 징역 3년, 집행유예 5년을 선고받아 실형을 면한 것도 같았습니다. 이른바 '재벌 정찰제 판결'이었죠. 확정 판결이 난 후 '올림픽 유치'를 명분으로 초고속 사면된 과정도 거의 비슷했습니다. 국제올림픽위원회IOC 위원이었던 박 회장에 대해 재계와 체육계가 '평창 동계올림픽 유치 활동을 위해 사면해달라'고 호소했고, 정부는 못 이기는 척 받아들였습니다. 박 회장은 당시 언론 인터뷰를 통해 "다른 욕심은 다 버렸고, 올림픽 유치를 위해 봉사할 생각뿐"이라고 말했습니다. 그러나 그는 사면된 지 한 달여 만에 경영에 복귀했습니다.

아무리 봐도 훈계 혹은 개혁 '대상'인 것 같은데 오히려 칼자루를 잡은 인사들이 경제계에만 있는 것은 아닙니다. 세종시를 봅시다. 이명박 대통령은 대선 후보 때부터 수십 번이나 '원안 추진'을 공약했지만 2010년에 이를 뒤집으려했습니다. 선거 당시엔 '표' 때문에 소신과 다른 약속을 했다는 애기였습니다. 여야 합의로 만든 법, 즉 제도적인 약속을 일방적으로 깨면서도 여전히 말로는 '법치' '신뢰'를 강조했습니다.

더 많은 돈을 벌기 위해, 표를 얻기 위해, 혹은 일신의 영달을 위해 회계 서류를 조작하거나 세금을 떼먹거나 거짓 약속과 기회주의적 처신을 서슴지 않던 사람들이 오히려 '정직' '개혁' '법치' '신뢰'를 훈계하는 모습은 현기증을 느끼게 합니다. 우리 사회에 '법을 지키면 손해'라는 인식이 유달리 뿌리 깊은 것은 바로 이런 이들이 권력과 돈을 장악하고, 아무리 잘못해도 단죄되지 않는 모습을 국민들이 거듭 봐왔기 때문 아닐까요. '감시견'이 돼야 할 언론마저 매섭게 짖는 대신, '광고주 재벌에게 꼬리를 흔드는' 모습을 보면서, 절망과 근심이 더욱 깊어집니다. 자라나는 세대에게 우리는 대체 무엇을 가르치고 있는 것입니까.

형, 같이 좀 먹고살자!

지금보다 한 세대 전에는 '개천에서 용 만들기' 프로젝트를 하는 집이 많았습니다. 먹고살기도 빠듯한 집안에 공부 잘하는 아들이 하나 나온 경우죠. 그러면 부모는 논밭 팔아 학비를 대고, 여동생은 봉제공장이나 남의 집 식모살이로 오빠 뒷바라지를 했습니다. 공부가 그저 그런 나머지 동생들은 적당한 선에서 진학을 포기하는 것으로 집안의 부담을 덜었습니다.

그다음 이야기는 두 갈래로 나뉩니다. 하나는 해피엔딩. 판검사, 의사, 공무원이 되거나 대기업 입사에 성공한 아들이 나머지 가족의 은공을 갚는 것이죠. 부모님을 극진히 모시고 동생들 시집·장가 갈 때까지 알뜰히 돌봐줍니다. 다른 하나는 비극입니다. 옛날 사연을 모르는 도시 출신의 아내 때문이든, 저 잘나서 성공했다는 생각 때문이든, 부모형제 외면하고 자기만 살겠다는 아들에게 다른 가족들이 배신감을 느끼는 경우입니다. 한술 더 떠서 자기 때문에 남의집살이까지 했던 여동생을 파출부처럼,

공부 못한 남동생을 운전기사처럼 부려먹다가 마침내 동생들이 폭발한 사례도 없지 않았습니다.

몇몇 대기업들이 글로벌 위기 이후에도 화려한 실적을 내고 있다고 떠들썩합니다. 삼성전자는 분기당 영업이익이 수조 원에 이르고 툭하면 '사상 최대 이익'을 기록했다고 발표합니다. 그런데 한편에서는 중소기업, 자영업자, 노동자들이 "더 못 버티겠다"며 비명을 지르고 있습니다. '개천에서 용 만들기'에 나선 집안이 연상됩니다. 온 가족이 고생해서 뒷바라지했더니 부모·형제 모른 척하고 혼자만 잘나가는 형을 보는 것 같습니다. 대기업이 언제 중소기업, 자영업자, 노동자들의 덕을 봤냐고요? 삼성, 현대, LG, SK 다 저 잘나고 열심히 해서 잘된 것 아니냐고요? 그렇게 말하면 정말 섭섭해할 사람 많습니다.

1960년대 이후의 경제개발 과정에서 역대 정부가 은행돈과 감세 혜택, 사업 허가 등을 몰아주면서 몇몇 기업을 '대표 선수'로 키웠다는 것을 모르는 사람은 많지 않을 것입니다. 허약한 국내의 자동차, 전자, 생활용품 산업 등을 국제 경쟁으로부터 지켜주기 위해 수입 장벽을 높이 쌓았을 뿐 아니라 국내 소비자들에게 비싸게 팔아 남긴 돈으로 외국 시장에서 헐값에 파는 손해를 벌충할 수 있도록 해주었던 것도 잘 알려진 얘기입니다. 우리의 '대표 선수'들이 세계 시장에서 경쟁력을 갖도록 노동자의 임금은 억제됐고, 농산물 가격은 낮게 유지됐고, 세금은 각종 '공제' 명목으로 최소화했습니다. 이 모든 정책의 배경에는 '낙수효과 trickle-down effect'라는 이론이 있었죠. 뿜어져 나온 분수가 위 칸을

채우면 자연히 아래로 흘러 바닥을 적시는 것처럼 대기업이 잘
되면 중소기업과 서민계층까지 잘살게 될 것이라는 얘기였습니
다. 이런 이론이 어느 시점까지는 맞는 듯도 했습니다. 경제가 성
장하면서 1인당 국민소득이 늘고 세계 속에서 국가 위상도 올라
간 것이 사실이니까요.

　그러나 이미 출세한 형이 동생들의 희생을 끝없이 요구하는
것처럼 국가적 성원 속에 성장한 우리나라 대기업들의 이기심은
끝이 보이지 않습니다. 한 해 수천억, 수조 원의 이익을 내는 대
기업들이 거래 중소기업의 납품단가를 쥐어짜는 바람에 대기업
은 호황인데 중소기업에선 죽는 소리가 끊이지 않습니다. 자영
업자들이 먹고사는 터전인 동네 골목상권까지 잠식하는 대기업,
벤처기업이 고생 끝에 개발한 기술을 가로채간 대기업도 드물지
않습니다. 정부가 고용을 늘리라며 세금도 엄청나게 깎아주었건
만 오히려 정규직을 대거 비정규직으로 돌려 '불안하고 배고픈'
노동자를 양산하는 회사들은 또 얼마나 많습니까. 상황이 이렇
다보니 수출이 잘돼 대기업의 금고에 돈이 쌓여도 중소기업, 자
영업자, 노동자 등은 점점 가난해지는 '양극화'가 고착됐습니다.
'낙수효과'는 찾아볼 수 없게 됐다는 것이죠.

　경제위기 와중에서 국민세금으로 보조금을 듬뿍 줘 자동차
매출이 늘었어도, 농민들의 희생을 무릅쓰고 자유무역협정을 늘
려 수출 길을 넓혀줬어도, 4대강 사업 등 대형 프로젝트로 엄청
난 이익을 챙기게 해주었어도, 대기업들의 식탐은 그치지 않습
니다. 진보신당 분석에 따르면 2008년에 시가총액 상위 10대 재

벌기업들이 실제 부담한 법인세율은 법정 최고 세율인 25%에 크게 못 미치는 16.5%였고, 삼성전자는 6.5%에 그쳤습니다. 엄청나게 벌지만 각종 감세 때문에 세금은 얼마 안 내는 것입니다. 그런데도 경제 단체를 동원해 '법인세를 더 깎아라' '최저임금을 동결하라'는 후안무치한 주장을 펴기도 합니다. 언제까지 그럴 텐가요? 동생들이 폭발할 때까지? 그들의 비명이 들리지 않습니까. 형, 같이 좀 먹고살자! 쫌!

저 응석받이들을
누가 키웠나!

전국경제인연합회는 재계 단체 중에서도 대기업, 특히 재벌그룹들의 이해관계를 대변하는 조직입니다. 그런데 이 단체의 대표를 맡고 있는 허창수 지에스GS그룹 회장이 작심한 듯 정치권을 향해 쓴소리를 쏟아냈습니다. "반값 등록금 같은 '포퓰리즘(대중영합주의)' 정책을 생각 없이 추진해선 안 된다"고. 그러면서 덧붙였습니다. "감세減稅는 철회하지 마라." 기업들의 세금은 계속 깎아달라는 것입니다.

우리나라 경영자들은 종종 '국민들의 반反 기업정서 때문에 사업하기 힘들다'고 푸념합니다. 국민들이 재벌을 공연히 미워해 억울하다는 것입니다. 그러나 허 회장의 말은 우리 국민 중 재벌에게 '안 좋은' 감정을 갖는 이가 왜 많을 수밖에 없는지를 단적으로 보여줍니다. 등록금을 마련하느라 휴학과 복학을 반복하고, 학자금 대출을 감당 못해 신용불량자가 되고, 급기야 목숨을 끊는 대학생까지 나오고 있는 게 현실입니다. 그 절박한 청년들과 부모의 짐을 덜어주는 건 '포퓰리즘'이고 재벌의 금고를 채워주는 건 '시장경제'라니, '매를 버는' 얘기가 아닙니까.

이명박 정부는 법인세, 소득세, 종합부동산세 등을 줄줄이 깎아주는 이른바 '부자 감세'를 통해 대기업과 자산가들에게 엄청난 '현금 선물'을 안겨주었습니다. 집권 5년간 총 감세 규모가 98조 원에 이를 것이라는 계산도 있었습니다. 정부는 이들의 세금을 줄여주면 투자와 고용이 늘어 경제가 쑥쑥 성장하고 실업난이 해소될 것이라고 장담했습니다. 그런데 결과는 어떤가요. 30대 그룹은 수십조 원 규모의 내부 유보금을 쌓아놓고도 이렇다 할 투자 확대도, 고용 창출도 하지 않았습니다.

수출에 유리한 '고환율 저금리' 정책 아래 대기업들이 기록적인 흑자 행진을 하는 동안 많은 중소기업과 자영업자들은 벼랑으로 몰렸고, 노동자들의 생활은 더 어려워졌습니다. 비싼 집값, 엄청난 보육과 교육비용, 대책 없는 노후가 국민의 삶을 압박해도 정부는 "돈이 없어 복지를 늘리기 어렵다"고 했습니다. 그런데도 '감세'는 철회할 생각이 없다고 하고요. 그리고 재벌들은 정치권을 향해 '등록금은 놔두고, 우리 세금을 더 깎아달라'고 요구했던 것입니다.

알고 보면 분통 터지는 모순들은 곳곳에 있습니다. 전기요금 체계를 봅시다. 공장 등을 돌리는 산업용, 상가나 백화점이 쓰는 일반용, 각 가정이 쓰는 주택용 요금 중 가장 비싼 게 주택용 전력요금입니다. 주택용은 최저와 최고 구간의 단위당 가격이 무려 11배나 차이 날 만큼 큰 폭의 누진제가 적용돼 주부들이 벌벌 떨며 아낄 수밖에 없습니다.

반면 산업용과 일반용은 많이 쓰면 쓸수록 요금을 깎아주는 '역누진제'가 적용되거나 누진 없이 부과됩니다. 그러니까 큰 공장, 대기업일수록 전기를 싸게 쓰는 것이죠. 특히 산업용 전기요금은 킬로와트 당 평균 생산원가인 90원에도 못 미치는 80원으로 가장 싸고, 심야시간 등엔 이보다도 훨씬 싼 값에 공급돼왔습니다. 반면 주택용 요금은 130원이니, 콩나물 값 걱정하는 가계들이 기업들의 전기료를 대신 내주는 셈입니다. 대기업들이 전기를 값싸게 펑펑 쓰니, 에너지 효율성은 일본의 3분의 1 수준으로 낮습니다. 이런 전력 낭비를 뒷받침하느라 원자력발전소를 계속 짓다보니, 이 땅이 '국토 대비 원전 밀집도 세계 1위'라는 불안한 기록을 향해 달려가게 됐습니다.

남아 선호가 극심하던 시절, 아들을 바라고 딸을 줄줄이 낳은 집에서 마침내 얻은 귀한 아들을 응석받이로 키우는 경우가 종종 있었습니다. 딸들의 희생과 양보는 당연히 여기고 좋은 건 다 아들에게 몰아주면서 '네가 잘돼야 집안이 흥한다'고 세뇌하곤 했죠. 불행히도 그렇게 자란 응석받이 아들은 지나친 이기주의자가 되어 가족에게 상처를 주고 자기 인생도 망치는 경우가 없지 않았습니다. 살찐 아들이 깡마른 딸의 밥그릇을 뺏도록 놔둔다면 아이들 모두를 망치게 될 것입니다.

우리 사회도 전기요금에서 세금에 이르기까지, 재벌들을 응석받이로 만든 정책과 제도들을 바로잡을 때가 됐습니다. 덩치가 커질 대로 커진 재벌 대신 중소기업과 자영업자, 노동자들을 제대로 부축해야 합니다. 그동안 사회로부터 가장 많은 혜택을

입은 재벌은 '뭘 더 얻어낼까'가 아니라 '어떻게 돌려줄까'를 생
각하는 게 훨씬 어울릴 것입니다.

버핏인가, 머독인가

  미국 뉴욕에서 전 세계로 번졌던 '월가 점령' 시위의 '배후'는 누구일까요. 온라인에서 이 운동을 처음 제안한 캐나다의 반소비주의 잡지 애드버스터를 우선 꼽을 수 있겠지만, 영화감독 찰스 퍼거슨의 이름도 앞줄에 넣어야 할 것 같습니다. 매사추세츠공대 정치학 박사 출신의 늦깎이 감독 퍼거슨은 2011년 아카데미 최우수 다큐멘터리상을 받은 〈인사이드잡Inside Job〉을 통해 '99%를 절망에 빠뜨린 1%의 탐욕'을 통렬하게 고발했습니다.

  '본' 시리즈로 유명한 배우 맷 데이먼이 매력적인 내레이션으로 끌고 가는 이 영화는 글로벌 금융위기를 일으킨 '범죄자들'의 얼굴을 클로즈업합니다. 떼돈을 벌기 위해 고객에게 사기까지 친 금융회사들, 쓰레기 같은 채권에 최우량 등급인 트리플에이AAA를 버젓이 매겨준 신용평가 회사들, 월가의 로비를 받고 금융규제를 마구 풀어준 정치권과 정부인사들, 자리와 돈을 대가로 왜곡된 보고서와 정책 조언을 남발한 경제학자들. 영화는 수

많은 중산층과 서민들이 집을 뺏기고, 실직하고, 빈곤층으로 전락하도록 만든 이들이 그 후 어떻게 됐는지를 보여줍니다. 놀랍게도 이들 대부분이 여전히, 멀쩡하게, 잘나가고 있었습니다. 구제금융으로 살아난 금융사의 경영진은 다시 보너스 잔치를 벌이고, 신용평가사들은 교묘한 논리로 책임을 피했습니다. 과감한 개혁의 기대 속에 오바마 정부가 들어섰지만, 월가와 한통속인 인물들을 재무부 장관, 중앙은행장, 수석경제자문위원 등에 기용하면서 발목이 잡혀버렸습니다. 정의는 사라지고, 나아질 희망도 없다는 것을 안 '99%'의 가슴에 분노가 솟구치는 것은 당연한 일일 것입니다.

그러면 거리로 나온 시위대에 대한 '1%'의 반응은 어떨까요. 세계적 투자자인 워런 버핏과 조지 소로스 등은 금융거래로 거대한 재산을 모았지만 "1%의 탐욕을 규제해야 한다"고 적극 동조합니다. "내가 해봐서 아는데, 이대로 놔두면 공멸한다"는 게 요지입니다. 특히 버핏은 자기 같은 슈퍼 부자들에게 세금을 더 걷어 빈곤층의 복지를 늘려야 미국이 산다고 주장했습니다. 반면 루퍼트 머독 뉴스코퍼레이션 회장 같은 '개념 상실' 부자들도 있습니다. 머독은 자기 소유의 극우방송 폭스뉴스와 월가 편향 신문 월스트리트저널 등을 통해 시위대를 공격했습니다. 그래서 시위대는 그를 '월가 5적'의 하나로 꼽고, 그의 호화 아파트가 있는 맨해튼 부촌에 몰려가 비난 행진을 벌였습니다.

페이스북 등 소셜미디어의 맹활약 속에 2011년 국내에도 '서울 점령' 시위가 등장했습니다. 그러나 사실 '한국의 99%'는 반값 등록금 촛불시위, 한진중공업 정리해고 철회 희망버스 등을 통해 진작부터 움직이고 있었습니다. 서울 점령 현장에선 한미 자유무역협정 반대, 의료민영화 저지 등 중구난방의 구호들이 나왔지만, 따져보면 '자본과 권력을 쥔 1%의 무한 탐욕에 대한 저항'이란 공통분모가 있었습니다. 그런데 미국과 다른 점은 '각성하고 책임지자'는 양심적 부자들의 목소리가 우리나라에선 거의 들리지 않았다는 것입니다.

국내 부자들 중엔 연간 1억 원을 피부관리에 쓰는 이들도 있는 모양입니다. 그런데 그런 클리닉에 다닌다는 의심을 받았던 집권당 서울시장 후보는, 월 5만 원이 없어 점심을 굶거나 눈칫밥을 먹는 아이들에게 가난의 낙인을 찍지 말고 밥 좀 편히 먹이자는 정책을 '나라 망칠 포퓰리즘'이라고 공격했습니다. '99%와의 공감'이 바닥 수준입니다. 사상 최대이익을 낸 자동차 회사가 사내하청으로 인건비를 아끼려 법원의 정규직 채용 명령을 무시하는 등 재벌들의 탐욕도 도를 넘었습니다.

월가 점령 시위가 아직은 폭발력이 없어 보이지만 '분노한 다수'가 거리로 나오기 시작했다는 것을 주목할 필요가 있습니다. 독재 정권을 줄줄이 무너뜨린 '재스민 혁명'도 처음부터 잘 조직된 운동은 아니었습니다. 마을 전체가 불길에 휩싸이면 부잣집도 홀로 안전하긴 어려울 것입니다. 버핏의 길인가, 머독의 길인가. '대한민국 1%'의 지혜로운 선택이 필요한 시점입니다.

경제민주화, '꽝'되는 건 아닐까

2012년 12월 18대 대통령 선거를 앞두고 새누리당과 민주통합당은 경쟁적으로 '경제민주화'를 내세웠습니다. 지금은 누구나 많이 들어본 얘기가 됐지만 막상 경제민주화가 뭐냐고 물어보면 머뭇거리는 사람이 많습니다. '독재'에 반대되는 개념이 '민주주의'라고 한다면, '경제민주화'란 경제적 기회와 성과를 소수가 독점하지 않고 국민 전체가 고루 나누게 만드는 것을 의미한다고 할 수 있습니다. 즉 대기업 등 소수가 경제 성장의 기회와 과실을 독점하지 말고 중소기업, 자영업자, 농민, 노동자 등 경제적 약자들도 합당한 몫을 가질 수 있게 하자는 것이죠. 경제민주화의 요소로 '공정한 경쟁', '의사결정 과정의 고른 참여', '분배 정의'가 꼽히기도 합니다.

여당인 새누리당에서는 지난 1987년 개헌 당시 헌법에 경제민주화 조항을 넣는 데 기여한 김종인 비상대책위원이 재벌개혁 공약 등을 만들었고, 민주통합당에서는 2011년 신설된 경제민주화특별위원회의 유종일 위원장이 한때 작업을 주도했습니다. 참고로 우리 헌법 119조 2항이 경제민주화 조항이라고 불리는데, 다음과 같이 규정하고 있습니다. "국가는 균형 있는 국민경제의 성장 및 안정과 적정한 소득의 분배를 유지하고 시장의 지배와 경제력의 남용을 방지하며, 경제주체 간의 조화를 통한 경제의 민주화를 위하여, 경제에 관한 규제와 조정을 할 수 있다." 즉 균형 성장과 적정 분배를 위해 국가가 시장에 개입할 수 있다는 뜻입니다.

새누리당의 경우 당 강령 1조에 '경제민주화 실현'을 새로 명시했고, "공정 경제를 바탕으로 복지와 일자리 창출에 최선을 다한다"는 목표를 제시했습니다. 이는 이명박 정부가 '비즈니스 프렌들리'와 '747 공약'을 앞세워 외형 성장 위주의 경제 정책을 추진한 것과 큰 차이가 있습니다. 성장률 대신 고용률, 즉 실질적인 일자리 창출을 경제 정책의 가장 중요한 지표로 삼겠다는 의지도 보였습니다. 관련 정책으로는 대기업의 하도급 횡포 근절을 위해 공정거래법을 강화하겠다는 것, 대기업 일감 몰아주기를 엄단하고 중소기업적합업종을 보호하겠다는 것 등을 제시했습니다.

민주통합당 등 야당도 재벌의 지배구조 개혁 등 의욕적인 정책을 제시했습니다. 지난 2009년 폐지된 출자총액제한제도를 되살려서 10대 재벌의 덩치 불리기를 규제하겠다고 밝혔습니다. 또 대기업이 계열사에 고의적으로 일감 몰아주기를 하는 경우 배임죄 등으로 형사처벌까지 하겠다, 법인세법 등을 개정해서 재벌의 계열사 확장에 대해 세금 부담을 늘리겠다는 정책도 내놓았습니다. 민주당은 또 비정규직이 줄어들 수 있도록 동일가치노동에 대해 동일임금을 보장하도록 하는 방안, 정리해고의 남용을 규제하는 방안 등 노동보호 정책도 마련했습니다. 아울러 부동산과 주식에 대한 과세 강화 등 '부자 증세'와 '보편적 복지 확충' 등 다양한 약속을 내놓았습니다. 한편 통합진보당은 민주당과 차별화해서 10대 그룹별로 '맞춤식 재벌개혁 방안'을 내놓기도 했고요.

당시 경제민주화가 화두가 된 것은 그해 4월 총선, 12월 대선 등 선거의 계절이라는 변수가 직접적으로 작용했습니다. 2011년 10·26 재보선 등에서 '1% 부자와 대기업을 위해 99%가 소외되는 경제구조는 더 이상 용납할 수 없다'는 민심이 확인됐다고 볼 수 있는데, 정치권이 표, 즉 민심을 얻을 수 있는 방향으로 달리기 시합을 벌인 셈입니다. 그러나 보다 근본적인 배경은 우리 사회의 양극화와 그로 인한 민생의 피폐가 참을 수 있는 수준을 넘어섰기 때문이라고 할 수 있겠습니다. '재벌은 배 터져 죽고, 서민은 배곯아 죽는다'는 말이 있을 정도로 소수의 경제력 독점이 심각하다는 인식이 확산됐습니다. 이명박 정부 출범 뒤 4년 동안 30대 재벌 계열사 수가 791개에서 1,150개로 359개나 늘었고, 이 중 10대 재벌의 자산 총액이 국내총생산에서 차지하는 비율은 2008년 55%에서 2010년 75%로 늘었습니다. 이들 대기업들이 불공정한 방법으로 하청 중소기업과 노동자를 착취하고, 자영업자의 일감까지 빼앗았기 때문에 양극화가 극심해진 게 사실입니다. 그래서 재벌개혁 등 경제민주화가 정치권이 외면할 수 없는 시대적 요구가 된 것이죠.

세계적으로 눈을 돌려보면 자산 규모나 계열사 수만 따질 때 우리나라 재벌보다 큰 글로벌 기업들도 많습니다. 하지만 우리 재벌들처럼 총수 일가가 소유지배권을 배타적으로 행사하면서 이른바 '황제 경영'을 하고, 중소기업과 자영업 분야까지 잠식하고, 정치 경제는 물론 언론과 사법 영역까지 막강한 영향력을 행사하는 기업군은 적어도 경제협력개발기구 국가들 중에는 찾아보기 어렵습니다.

우리나라 삼성그룹과 가끔 비교되는 게 스웨덴의 발렌베리 그룹이죠. 이 그룹이 스웨덴 경제에서 차지하는 비중은 한국 경제에서 삼성의 비중보다 큽니다. 그런데 발렌베리 가문은 그룹의 경영권만 상속하고 소유권은 공익재단에 귀속시켜서 회사의 이익이 스웨덴 전체의 사회복지에 쓰이는 구조입니다. 그래서 스웨덴 사람들은 이 가문을 존경하고 사랑한다고 합니다. 반면 삼성은 편법불법 논란 속에 자산과 경영권을 대대로 상속하고, 차명계좌와 탈세, 노조 탄압, 산업재해 은폐 등 물의를 일으키고 있으니 상당히 대조적이라고 하겠습니다.

시장의 자유와 경쟁을 강조하면서 대기업 편을 들었던 새누리당까지 재벌개혁을 외치고 나서자 재계는 내부적으로 부글부글 끓는 모습이었습니다. 물론 겉으로는 '소나기를 피하고 보자'는 태도를 보이면서 신속히 대응하기도 했습니다. 이명박 대통령이 "대기업들이 빵집까지 하는 것은 문제가 있다"고 말하니까 곧바로 삼성, 현대차, LG, 롯데그룹이 빵집, 순대, 청국장, 카페 등 자영업자 영역 사업을 철수하겠다고 발표하기도 했죠. 빨리 움직이지 않으면 폭탄을 맞을지 모른다고 계산한 것 같습니다. 출자총액제한제도 부활이나 재벌 과세 강화가 논의되고 있는 것에 대해서도 재벌의 대변인이라고 할 수 있는 전국경제인연합회 등은 공식 대응을 자제하는 모습이었습니다. 그러나 익명의 인사들이 언론 인터뷰 등을 통해 '실효가 없어 없앤 출자총액제도를 왜 부활시키나' '정부가 개입하면 기업가 정신과 투자의욕을 낮춰 경제 활력이 더 떨어진다' 는 등의 불평을 쏟아내기도 했습니다.

정치권의 경제민주화 논의가 다분히 총선과 대선을 의식해서 이루어진 만큼 과연 진정성이 있는지, 선거가 끝난 후에도 지속될 것인지 하는 회의적 시각이 없지 않았습니다. 여야가 경쟁적으로 재벌개혁, 경제민주화를 외치는 것은 선거 때문이든 아니든 우리 현실에서 가장 중요한 숙제 하나를 열심히 한다는 신호이므로 바람직한 현상이었습니다.

그러나 일관성 있게, 지속적으로 추진하지 않으면 과거 정권에서 반짝 개혁을 추진하다 '도루묵'이 된 전철을 밟을 위험이 있습니다. 그래서 꼭 필요하면서도 현실적으로 효과를 발휘할 수 있는 정책을 정교하게 설계해서, 탄탄한 지지를 확보하는 게 중요하다는 지적들이 나왔습니다. 특히 이명박 정부가 내놓았던 동반성장 대책처럼 대기업의 '선의'에 호소할 것이 아니라, 법과 제도로 정책이 확고히 자리 잡도록 만드는 게 필수라는 지적도 있었습니다.

경제민주화의 핵심은 대기업이 거의 독식하고 있는 경제적 기회와 성과가 중소기업, 자영업자, 농민, 노동자들에게도 돌아가게 만드는 것입니다. 그래서 소득 피라미드의 맨 아래쪽에 있는 사람들도 성장의 혜택을 함께 누리도록 하는 것입니다. 국민들이 이런 기대를 잔뜩 가졌다 실망하는 일이 다시는 없어야 할 텐데, 박근혜 정부가 선거 때 내걸었던 공약만이라도 지켜줄지 궁금합니다.

재벌 순환출자
'꼼수' 술래잡기

경제민주화 논의가 한창이던 2012년, 여야 모두가 '순환출자 규제'를 공약으로 내걸었습니다. 우선 순환출자라는 게 무엇인지부터 정리해볼까요. 출자라는 것은 사업을 위해 자금을 내놓는 것을 말하고, 순환출자란 3개 이상의 회사가 꼬리에 꼬리를 물고 서로에게 출자하는 것을 의미합니다. A기업이 B기업에 출자하고, B기업은 C기업에, 그리고 C기업은 다시 A기업에 출자를 하는 형태죠. 이렇게 되면 A기업은 손쉽게 B와 C기업을 지배할 수 있게 되고, 실제로는 돈이 들어온 게 없어도 장부상 자본금이 늘어납니다.

이런 순환출자는 우리나라 재벌 총수 일가가 그룹 전체 자본금 중 5%도 안 되는 적은 돈으로 수십 개 계열사에 대해 압도적 지배력을 행사할 수 있는 장치가 되고 있습니다. 현대기아차 그룹이 대표적이죠. 현대모비스가 현대차에, 현대차가 기아차에, 기아차가 현대모비스에 다시 출자하는 방식으로 순환출자가 이뤄졌습니다. 삼성도 최근 연결고리가 다소 느슨해지긴 했지만 기본적으로 순환출자 구조였습니다. 현대중공업, 한진, 동부, 현대그룹 등도 순환출자로 총수의 계열사 지배를 보장하고 있습니다.

순환출자와 함께 상호출자라는 용어도 있죠. 상호출자는 두 기업이 서로 출자를 하는 것입니다. A기업이 B기업에 자본금을 내고, B기업은 A기업에 자본금을 내서 서로의 주식을 보유하는 방식이죠. 순환출자는 3개 이상의 기업이 간접적으로 상호출자를 하는 것이라고 볼 수 있습니다. 이런 상호출자, 순환출자는 기업끼리 서로 경영권을 보호할 수 있다는 이점이 있지만, 실질적인 출자 없이 가공자본으로 계열사 수를 손쉽게 확대하는 데 악용되는 경향이 있습니다. 계열사들이 이렇게 상호출자로 엮이면 한 기업의 경영이 부실해질 경우 연쇄 도산할 가능성도 높아집니다. 그래서 현행 공정거래법은 합계 자산 5조 원 이상의 대기업집단에 대해 상호출자를 금지하고 있습니다. 그런데 순환출자에 대해서는 현실적으로 각 기업들의 복잡한 순환출자 상황을 파악하기 어렵다는 이유로 규제가 이뤄지지 않고 있습니다.

선거를 앞두고 정치권에서 순환출자 규제 얘기가 나왔던 것은 아무래도 재벌들이 이를 통해 쉽게 계열사를 늘리면서 경제력 집중이 점점 심화하는 현실을 개선하겠다는 뜻이었다고 볼 수 있습니다. 우리나라 재벌의 핵심 문제 중 하나는 그룹 전체로 볼 때 극히 일부 지분을 가진 총수 일가가 순환출자 등의 방식으로 수십 개의 계열사를 지배하면서 독단적인 의사결정을 하는 구조라고 할 수 있습니다. 이런 방식으로 쉽게 새로운 계열사를 만들고, 일감을 몰아줘서 손쉽게 덩치를 불리는 것이죠. 그래서 소수 재벌에게 나라 전체의 경제력이 점점 집중되고, 중소기업 자영업자 등은 상대적으로 손해를 보는 양극화가 고착되고 있습니다. 이런 순환출자 구조는 한 계열사에 문제가 생겼을 때 그룹 전체를 위험에 노출시킬 가능성이 크고, 1997년 외환위기 때 경험했던 것처럼 국가 경제의 리스크도 높인다는 의미에서 우려의 대상이 됩니다.

그런데 순환출자 규제에 대한 여야의 입장이 같지는 않았습니다. 여당인 새누리당의 경우 신규 출자에 대해서만 순환출자를 막겠다는 입장이고 민주통합당과 통합진보당은 신규 순환출자 금지 외에 기존 순환출자도 단계적으로 해소하도록 강제하겠다는 입장입니다. 두 야당은 이와 함께 지난 2009년 폐지된 출자 총액제한제도를 부활시켜서 재벌의 출자를 총량적으로 규제하는 방안, 재벌기업이 업무 연관성 없는 계열사를 늘릴 때 세 부담을 높이는 방안, 지주회사에 대한 규제를 강화하는 방안 등도 내놓았습니다. 이를 통해 재벌의 무분별한 '문어발'을 일부 정리하도록 하겠다는 취지였다고 하겠죠.

이런 정치권의 움직임에 대기업들은 당연히 불만스러워 했습니다. 안 그래도 유럽 재정위기와 중동 불안 등으로 기업 경영 환경이 어려운데 정치권이 재벌개혁이니 뭐니 해서 대기업을 괴롭힌다고 불평했죠. 기업들이 순환출자 해소에 신경을 쓰다보면 경영에 차질이 생기게 되고, 경제성 높은 미래 산업에 대한 투자가 위축될 것이라고 우려했습니다. 또 경영권 방어가 어려워져서 해외 기업에 인수합병될 위험도 있다고 주장했습니다. 이렇게 해서 대기업의 사업 활동에 차질이 생기고 국제경쟁력이 떨어지면 중소기업들도 어려워지고 결국 국가 경제 전체에 피해가 갈 것이라는 논리를 폈습니다. 전국경제인연합회 등 재계 단체들도 '선거철마다 유행처럼 재벌을 때리는 것은 잘못'이라고 비판했습니다. 이들은 우리나라 재벌들이 순환출자를 해소하려면 수십조 원이 필요하다는 얘기도 하고 있는데, 근거는 분명하지 않습니다. '다른 나라에는 없는 규제를 왜 하나' 하는 불만도 나오는데, 우리나라 재벌만큼 심각한 경제력 집중을 보이는 집단이 외국에는 없다는 것도 감안해서 들어야 할 것입니다.

경제력 집중을 막기 위해 개혁을 하다가 대기업들의 경쟁력을 떨어뜨리면 안 된다는 지적에도 귀를 기울일 필요는 있습니다. 그러나 이에 대해 야당은 '개별 대기업의 경쟁력'과 '재벌 총수의 지배력'을 분리해서 생각해야 한다고 주장했습니다. 대기업의 경쟁력은 높이되, 부당한 방법으로 재벌 총수 일가가 지배력을 확장하는 건 막자는 게 핵심이라는 설명이죠. 지금처럼 재벌 계열사들이 순환출자로 얽혀 있으면 한 계열사의 부실이 그룹 전체의 부실로 쉽게 확대될 수 있고, 총수와 가족이 소유한 계열사에 대한 일감 몰아주기 등을 통해 다른 계열사와 주주들의 이익이 침해될 소지가 높기 때문에 규제가 필요하다는 것입니다. 결국 순환출자 해소 등을 통해 재벌그룹의 지배구조를 투명하게 하는 것이 개별 계열사들의 경쟁력을 높이고 다수 주주와 종업원에게 이익이 되며, 과도한 경제력 집중을 막아서 나라 경제의 균형 성장에 도움이 된다는 주장입니다. 유종일 전 민주통합당

경제민주화특별위원장은 "정보 공유라든지 자본과 기술의 집적 등 그룹 경영시스템의 장점은 살릴 필요가 있지만 소수 지분을 가진 총수 일가가 대대손손 경영하는 지배구조는 아무런 합리성이 없다"고 지적하기도 했습니다.

순환출자도 문제지만 재벌들의 독과점 문제도 심각합니다. 소수 거대 기업들이 중요한 시장을 독과점적으로 지배하기 때문에 소비자들이 바가지를 쓰고 있죠. 정유와 전자 등 일부 산업에서 몇몇 재벌들이 담합해 소비자들을 골탕 먹이고 폭리를 취한 일이 드러나기도 했습니다. 앞으로 독과점 문제도 포함해서 재벌 대책이 종합적으로 수립, 집행되어야 할 것입니다. 불법행위에 대한 공정거래위원회의 단속이 강화되어야 하고 사법부의 엄격한 처벌도 뒤따라야 합니다. 지금까지는 문제가 적발되어도 과징금만 물고 끝나는 경우가 많았는데 경영 책임자에 대한 형사처벌 등 엄격한 법집행이 있어야 잘못을 거듭 반복하지 않을 것입니다.

'소금꽃 김진숙'을
모르는 그대에게

"저 사람들은 왜 저러는 거야?"

2011년 7월 9일 '희망버스'를 타고 부산에 모여든 시민들이 경찰의 물대포와 최루액에 쓰러지고 눈물 흘리며 밤샘 시위를 벌였을 때, 인터넷의 보도사진들을 들여다보던 둘째아이가 물었습니다. 한진중공업의 정리해고와 김진숙 씨의 크레인 농성, 그리고 전국에서 자발적으로 모여든 시민들 얘기를 해주자 중학교에 다니던 아이의 눈이 동그랗게 커졌습니다.

"그 아줌마를 만나서 응원하러 만 명이나 모였다고? 자기 돈 내서 버스타고?"

그렇습니다. 정말 놀라운 일이었습니다. 옛 동료들의 정리해고에 항의하며 50대 초반의 여성 노동자가 35미터 높이 크레인에 올라가 무려 200일 가까이 추위와 더위, 외로움과 사투를 벌이고 있다는 게 우선 놀라운 사건이었습니다. 얼굴 한 번 본 적 없는 그녀를 응원하기 위해 전국 각지에서 195대의 버스를 타고 주부, 대학생, 회사원 등 만 명 가까운 시민들이 모였다는 것도

현대차 100일, 유성 96일 쌍용차 66일
박근혜 당선인은 철탑에 매달린 노동자

2013년 1월 23일 '비정규직 없는 세상 만들기 네트워크' 등 노동·시민사회단체 회원들이 서울 덕수궁 대한문 앞에서 현대차 비정규직 철탑 고공농성 100일을 맞아 2차 희망버스 참여를 호소하고 있다. 뼈 빠지게 일했는데도 회사에서 '정리'되는 사람, 정당한 요구를 했는데도 공권력의 폭압에 나동그라지는 사람이 어느 날 우리 자신이 될 수도 있다. ⓒ 경향신문

그에 못지않게 놀라운 일이었습니다. 그런데 당시 이 나라엔 중학생인 우리 아이만큼도 이 사건에 대해 모르는 사람들이 많았습니다. 주류 언론들이 거의 다루지 않았기 때문입니다. 미국의 시엔엔CNN과 아랍의 알자지라 방송까지 다뤘는데도 상당수 국내 언론은 전혀 보도하지 않거나 아주 간단하게 처리했습니다. 도대체 김진숙이란 여성 노동자가 왜 크레인에 올라갔는지, 사람들은 무슨 생각으로 희망버스를 탔는지, 경찰은 어떤 식으로 그들을 진압했는지, 이 사건이 우리의 경제민주주의와 인권에 어떤 의미를 갖는지 설명해주는 언론은 극소수에 불과했습니다.

사실은 많은 이들이 이 사건을 알 수 있도록 보도해야만 했습니다. 뼈 빠지게 일했는데도 회사에서 '정리'되는 사람, 정당한 요구를 했는데도 공권력의 폭압에 나동그라지는 사람이 어느 날 우리 자신이 될 수도 있기 때문입니다. 한진중공업은 2010년 말 '경영이 어렵다'며 부산 영도조선소에서 230여 명을 희망퇴직으로, 170여 명을 정리해고로 쫓아냈습니다. 그런데 2011년 초 이 회사 주주들은 170여억 원의 배당금을 챙겼고, 임원들은 평균 1억 원 가까이 연봉이 올랐다고 합니다. 정리해고란 '경영상 불가피한 상황'에서만 할 수 있는 것인데, 주주와 경영진은 돈 잔치를 벌이면서도 수백 명 노동자의 밥줄을 끊었다는 얘깁니다. 한진중공업 해고자 출신으로 20여 년간 노동운동에 투신해온 김진숙 전국민주노동조합총연맹 부산본부 지도위원이 크레인에 오른 것은 이렇게 부당한 정리해고를 받아들일 수 없었기 때문이었다고 합니다. 회사가 어렵다면 책임이 더 큰 경영자를 먼저 문책해야지, 노동자와 그 가족의 밥그릇을 함부로 빼앗는 행위를 용납할 수 없다는 생각에 많은 사람들이 공감했습니다. 당초 함께 행동했던 노조지도부가 "노조원들의 삶이 피폐해졌다"며 생산 복귀를 선언했지만, 김 위원은 "해고자들을 포기할 수 없다"며 오랫동안 크레인에서 내려오지 않았습니다.

　주목할 것은 주류 언론들의 침묵에도 불구하고 일부 진보 언론과 트위터 등을 통해 김 위원의 싸움을 알게 된 시민들이 점점 뜨거운 반응을 보였다는 사실입니다. 1차에 700여 명이었던 '희망버스' 응원단은 2차에 1만여 명이 됐고, 3차도 추진되었습니다. 자본의 탐욕 앞에 노동자가 '파리 목숨'이 되는 현실을 방치하다간 어느 순간 자신도 희생자가 될 수 있다는 자각과 공감이 확산되었던 것입니다. 땀에 젖은 동료들의 작업복이 말라 등짝에 허옇게 얼룩이 핀 것을 '소금꽃'으로 묘사했던 김진숙. 땀 흘리는 이들의 대명사가 된 '소금꽃 김진숙'을 당신이 아직 모른다면, 지금이라도 인터넷 검색창을 두드려볼 필요가 있겠습니다. 그러면 희망을 위해 손을 잡는 연대의 움직임이 들불처럼 번졌던 이유를 알 수 있을 것입니다.

팍스콘과 최저임금

초창기 전 세계 도시 멋쟁이들의 필수품이었던 애플사의 아이폰은 이 회사 주주와 경영진을 엄청난 부자로 만들어주었습니다. 그렇다면 이 회사의 노동자들은 어떨까요. 아마도 미국 본사에서 일하는 연구진, 기술자, 마케팅 담당자 등은 높은 연봉과 성과급으로 안락한 생활을 누릴 것입니다. 그러나 하청회사의 생산직 등으로 내려가보면 얘기가 달라집니다.

2010년 노동자들의 잇단 자살로 물의를 빚은 중국 팍스콘사가 바로 애플의 하청업체 중 하나입니다. 대만 훙하이 그룹의 자회사인 팍스콘은 생계비에도 못 미치는 저임금에 엄격한 노무관리로 악명이 높았다고 합니다. 팍스콘사 선전 공장에서는 2010년 1월 23일 이후 약 4개월간 노동자 12명이 자살을 기도해 이 중 10명이 숨졌습니다.

저임금과 열악한 근로조건이 여론의 도마에 오르자 이 회사는 서둘러 임금을 올리기로 결정했습니다. 그해 10월부터 기본급을 무려 120%나 올려주기로 한 것입니다. 세상에. 월급을 두

배 이상 줄 수 있었으면서 그동안 쥐꼬리만큼 주고 버텨왔다니 기막힌 일이 아닐 수 없습니다.

이 회사가 뒤늦게나마 근로조건 개선에 팔을 걷어붙이고 나선 것은 하청업체 문제로 기업 이미지에 타격을 입게 된 애플이 압력을 넣은 때문으로 볼 수 있습니다. 애플 입장에서는 중국 하청업체의 스캔들이 불매운동 등으로 비화될 경우 이만저만한 타격이 아니기 때문입니다.

실제로 미국의 스포츠용품 회사 나이키는 동남아에서 어린이들에게 푼돈을 주고 가혹하게 일을 시킨 업체에 하청을 맡겼다가 악덕 노동착취 기업으로 찍혀 곤욕을 치른 일이 있습니다. 당시 나이키는 '하청업체의 일에 대해 우리는 책임이 없다'고 잡아뗐다가 소비자단체 등이 들고 일어나 불매운동을 벌이는 바람에 큰 타격을 입었습니다. 그 후 이 회사는 하청업체의 근로조건을 감독하고, 나이키 제품을 만드는 곳에서 노동착취가 일어나지 않도록 신경을 쓰게 됐습니다.

이런 사례들은 노동자에 대한 보호가 소홀하고 가난한 인력이 넘쳐나는 곳에서 악덕 자본의 노동착취가 만연하지 않게 하려면 외부의 제도적 장치와 압력이 꼭 필요함을 보여줍니다.

우리나라는 어떨까요. 어린이 착취나 노동자 인권 유린은 법으로 제재되며, 노동자가 지나친 저임금으로 혹사당하지 않도록 최저임금제가 정착돼 있습니다. 그래서 문제가 없는 것일까요. 그렇지 않은 것 같습니다. 해마다 '최저임금을 준수하라' '최저임금을 현실화하라'는 목소리가 높아지면서 가장 밑바닥에 있는

2010년 6월 22일 청년유니온, 21세기 한국대학생연합 회원들이 서울 대학로에서 최저임금 인상을 요구하는 기자회견을 하고 있다. 최저임금이 법에 정해져 있지만, 현실적으로 최저 생계비에 미치지 못하고, 그나마 확실히 지켜지지도 않아 수많은 비정규직들이 기본적인 의식주 해결에도 어려움을 겪고 있다. 그런데도 경영계는 거의 매년 최저임금을 동결하거나 시급 10~20원 정도 올리자고 주장하고 있다. ⓒ 경향신문

저임금 노동자들의 딱한 현실이 새삼 조명 받고 있습니다.

참여연대에 따르면 등록금을 마련하기 위해 아르바이트를 하는 대학생의 경우 2010년 기준 최저임금 시급 4,110원으로는 연간 1,666시간을 일해야 한답니다. 그래서 가난한 대학생들이 수업보다 더 많은 시간을 일터에서 보내는 게 현실이라고 합니다. 또 청년 구직자들의 결사체인 청년유니온이 편의점 427곳에서 아르바이트생 446명을 설문조사한 결과 66%가 그나마 최저임금도 못 되는 시급을 받고 있는 것으로 나타났습니다. 최저임금이 법에 정해져 있지만, 현실적으로 최저 생계비에 미치지 못하고, 그나마 확실히 지켜지지도 않아 수많은 비정규직들이 기본적인 의식주 해결에도 어려움을 겪고 있습니다.

그럼에도 경영계는 거의 매년 최저임금을 동결하거나 시급 10~20원 정도 올리자고 주장합니다. 경제성장률이 아무리 높고 생활 물가가 하루가 다르게 올라도 가난한 노동자들은 실질임금의 후퇴를 감수하라는 얘기밖에 안 됩니다. '팍스콘' 기업주의 이미지가 겹쳐 보이는 것은 과민한 반응일까요.

노동자는 기업의 손발이 되어주는 사람이고, 기업이 만든 물건을 사주는 소비자이기도 합니다. 그들이 건강하게 일할 여건을 마련해주고, 소비할 지갑을 채워주는 것이야말로 기업이 함께 사는 길임을 알아야 텐데요.

최저임금,
오해하지 마

해마다 4월이면 다음해 최저임금을 결정할 최저임금위원회의 활동이 시작됩니다. 90일간의 공식 일정 동안 노조 측, 사용자 측, 그리고 공익 측 위원이 각 9명씩 27명 참여해 적절한 최저임금 수준을 결정하죠. 이명박 정부 때는 최저임금위원장이 사용자 편향적인 인물이라며 노조 대표들이 위원회 참여를 거부하는 사태도 있었습니다.

또 고용노동부에 박재완 장관이 있을 때는 최저임금 관련 발언으로 편파성 시비에 휘말리기도 했습니다. 2011년 4월 8일의 일인데요, 박 장관이 최저임금위원들과 점심을 하는 자리에서 "최저임금을 지나치게 인상할 경우 물가 상승 압력으로 서민생활에 직격탄이 되고 한계기업 도산 등으로 일자리를 줄이는 부작용이 나올 수 있다"고 말했던 것입니다. 노동계는 이 얘기가 최저임금 인상에 반대하는 재계의 논리를 그대로 대변한 것이라고 비난했습니다. 이명박 정부 각료들이 거의 모두 기업 편인데, 노동부 장관마저 노동계가 아닌 사용자를 대변하는 인물이라며

'배신감을 느낀다' '앞으로 최저임금위원회 활동이 걱정된다'는 반응들이 많이 나왔습니다.

2011년 최저임금 결정 당시 노동계는 민주노총, 한국노총 등 상급노조와 진보신당 등 28개 단체가 '최저임금연대'를 결성해 단결력을 보여주었습니다. 2012년 법정 최저임금을 시간당 5,410원으로 2011년보다 25.2% 올리자는 안을 내놨죠. 주 40시간 기준으로 계산해서 월 113만 690원입니다. 반면 경영계는 2011년보다 3% 오른 4,450원, 또는 동결을 주장했습니다. 경영계는 지난 2000년 이후 최저임금이 급속히 인상되면서 영세기업들의 경영난이 가중되고 고용불안이 심화되고 있기 때문에 최대한 억제해야 한다는 주장을 폈습니다. 그런데 2010년에도 노동계는 전년 대비 29.5% 인상을, 경영계는 동결을 주장해 더 큰 격차로 시작했지만 결국 5.1% 인상안으로 타협했습니다.

해마다 최저임금을 둘러싼 노동계와 경영계의 주장은 극과 극인데, 다른 나라와 비교할 때 우리나라의 최저임금 수준은 어떨까요. 2011년을 기준으로 우리나라 최저임금은 시급 4,320원, 주당 40시간 기준으로 월 90만 3,000원이었습니다. 민간연구소인 한국노동연구소에 따르면 이것은 전체 노동자 평균임금의 32% 수준입니다. 경제협력개발기구 회원국 중 최저임금 제도가 있는 나라 중에서는 멕시코 다음으로 가장 낮은 형편이랍니다. 프랑스, 뉴질랜드 등 선진국들은 평균임금 대비 최저임금 수준이 50%대라고 합니다. 특히 현재의 우리 최저임금은 보건복지부가 정한 4인 가족 최저생계비 143만 9,000원에도 50만 원 이상 부족한 수준입니다. 가족 중 누군가 함께 벌지 않으면 최저 생활도 할 수 없는 정도라는 얘기입니다.

최저임금 수준이 낮을 뿐 아니라 잘 지켜지지도 않는다는 지적이 있습니다. 지난 2010년 투명사회를 위한 정보공개센터가 청구한 자료를 봤는데요, 그해 5월까지 최저임금법 위반 적발 건수가 2,104건이었지만 모두 '덜 준 임금을 지불하라'는 시정조치에 그쳤고 사업주를 처벌한 경우는 한 건도 없었습니다. 그 이전에도 위반 건수는 2006년 3,000여 건에서 2009년 1만 5,000여 건으로 급증한 반면, 처벌 건수는 같은 기간 중 21건에서 6건으로 오히려 줄었습니다. 법에는 최저임금을 제대로 주지 않았을 때 3년 이하의 징역 또는 2,000만 원이하 벌금을 물리게 돼 있는데, 대부분 가벼운 시정조치에 그치기 때문에 회사들이 겁을 안 내고 그냥 버티는 것입니다. 최저임금보다 낮은 임금을 받는 노동자 수가 지난 2001년 전체 임금근로자 4.3%에서 2010년에는 11.6%로 늘었다는 통계도 있습니다.

최저임금을 많이 올릴 경우 영세기업이 도산하고 고용불안이 더 커질 것이라는 재계의 우려와, 오히려 소득분배를 개선하고 내수를 촉진할 것이라는 노동계 의견이 맞서는데, 어느 쪽이 진실일까요. 양쪽 주장이 이론적으로는 다 가능한 얘기니 실증적 결과를 보는 게 의미가 있을 것 같습니다. 미국의 경제학자들이 인접한 2개 주를 대상으로 분석한 연구가 있는데요, 최저임금이 높은 주가 낮은 주에 비해 더 많은 일자리를 창출하고 고용안정성도 높았다는 결과가 나왔습니다. 왜 그런가 했더니 종업원의 처우가 개선되면서 더 오래 성실히 근무하고, 저임금 층의 구매력이 높아져 소비가 늘었다는 것입니다. OECD와 국제노동기구ILO에서도 최저임금 인상이 고용에 미치는 부정적 영향은 미미하고 임금 격차 해소와 소득분배구조 개선에 긍정적 효과가 있다는 분석이 나왔습니다. 현재 우리나라의 최저임금은 너무 낮아서 양극화를 심화시키는 요인이 되고 있습니다. 최저임금의 영향을 받는 250만 명가량 노동자들의 소득이 나아지면 소비가 늘어 내수가 촉진되고, 관련 산업 분야의 경제 활성화 효과도 기대할 수 있을 것입니다. 물론 기업이 견디기 어려울 정도의 급속한 인상은 곤란하겠죠. 최소한 전년도 물가상승률과 경제성장률 등을 감안하면서 점진적으로 OECD 평균 수준으로는 올리려는 노력이 필요합니다.

남의 일 아닌
도요타 사태

　　　　　　　지난 2010년 '품질의 일본'이 간판 기업 도요타와 함께 흔들렸습니다. 도요타 자동차가 가속페달의 문제 등으로 세계적인 리콜(제조업자 책임 수리) 파문을 일으키면서 일본 자동차산업은 물론 제조업 전체의 신뢰성에 금이 갔던 것입니다. 도요타가 어떤 회사인가요. 끊임없는 작업공정 개선(카이젠), 부품의 적시공급Just In Time, 낭비와 비효율을 제거하는 린lean 생산방식 등으로 전 세계 생산관리의 교과서가 되어온 일류기업입니다. 도요타를 선두로 하는 일본 제조업은 '무결점'을 지향하는 품질 최우선 경영으로 성가를 높여왔습니다. 그런데 이 사건 이후 도요타 중고차 가격이 폭락하고, 미국 소비자들이 떼를 지어 손해배상소송을 냈습니다.

　　물건을 만들어 판 후 뒤늦게 문제를 발견해 리콜하게 되는 것은 드물지 않은 일입니다. 그런데 이번 도요타의 대대적인 리콜 사태는 '일본 품질 신화의 위기'를 거론할 만큼 심각하게 받아들여집니다. 왜일까요. 불꽃 튀는 글로벌 경쟁의 외중에서 도요타가, 그리고 일본 제조업이, 고유의 강점을 잃고 좌초하는 징후를 보여주었기 때문입니다.

도요타에 닥친 재앙은 '1등'을 향한 무리한 외형 확장 전략과 무관하지 않습니다. 도요타는 금융위기로 휘청거리던 미국의 GM을 제치고 지난 2008년 세계 자동차 판매고 1위를 기록했습니다. 그러나 급속히 생산량을 늘리고 판매 확대를 추진하는 과정에서 도요타 최고의 강점이었던 '품질관리'에 틈새가 생겼습니다. 전처럼 꼼꼼하게 협력업체를 관리하지 못한데다 엔화 강세의 불리한 여건에서 생산원가를 줄이느라 계속 납품단가를 후려쳤던 것입니다. 이런 과정에서 부품의 질이 떨어지고, 불량률이 높아질 수 있다는 것은 쉽게 짐작할 수 있는 일입니다. 노동인력의 관리에도 문제가 커졌습니다. '비용절감'에 혈안이 되다보니 종신고용 체제는 무너지고 '적당히 쓰다 버릴 수 있는' 비정규직 인력이 늘었습니다. 퇴근을 마다하고 공정 개선 아이디어를 찾아낼 만큼 책임감과 충성심이 두터웠던 노동자들 대신 미래에 대한 불안을 안고 시간만 때우는 임시직 노동자들이 점점 더 많은 생산라인을 채우게 됐다고 합니다.

그러나 도요타의 더 큰 문제는 '독선적이고 불투명한 경영'에 있었습니다. 보도에 따르면 도요타는 제품의 결함에 대한 소비자 불만이 접수될 때마다 운전 잘못 등 소비자 탓으로 돌리거나 적당히 무마해왔습니다. 또 엄청난 자금력으로 로비스트를 동원해 미국 정치인, 관료들을 구워삶아서 불리한 행정조치가 내려지지 않도록 했던 것으로 드러났습니다. 일본 국내에서는 연

1,000억 엔 이상의 광고 예산을 쓰는 도요타의 눈치를 보느라 언론이 감시와 비판 기능을 포기했고, 지나치게 친기업적인 정부와 정계의 정책기조도 '도요타의 질주'를 방치했다고 합니다. 결국 도요타에 근무했던 미국인 변호사가 내부고발자가 되어 소송을 제기하고, ABC 방송 등 미국 언론들이 추적에 나서자 '강둑이 무너지듯' 도요타의 실상이 드러나게 된 것입니다.

이런 도요타 사태가 남의 일처럼 보이지 않는 이유는 '세계 1등'을 외치며 무리하게 외형 확대를 추구하는 대기업들을 우리나라에서도 많이 볼 수 있기 때문입니다. 비용 절감을 이유로 중소 협력업체의 납품단가를 후려치고, '값싸게 쓰고 쉽게 버릴 수 있는' 비정규직 노동자를 늘리는 것도 너무 흔한 모습입니다. 법과 윤리를 존중하는 대신 막대한 자금력으로 언론과 정부, 정계를 움직여 비리를 덮어버리는 현장도 생생하게 목격되고 있습니다. 그러니, 오늘 도요타에게 쏟아지는 화살이 내일 삼성, 현대를 향하지 않으리라고 누가 장담할 수 있겠습니까.

2등 노동자
비정규직의 한숨

2012년 5월 30일은 19대 국회의원들의 임기가 시작되는 날이었습니다. 어느 때보다 민생 개선에 대한 기대가 높은 국회였던 만큼 여당은 비정규직 관련법 등 주요 민생 관련 법안들을 제출했습니다. 4월 총선 공약에서 제시한 대로 성과급과 사내 복지, 후생면에서 비정규직과 정규직의 차별을 없앤다는 내용이 포함됐습니다. 또 공공부문의 상시, 지속적 업무에 대해서는 오는 2015년까지 모든 비정규직 고용을 폐지하는 방안이 들어갔습니다. 사내 하도급 노동자 보호 등에 관한 법률을 제정해 대기업은 2013년부터, 중소기업은 2015년부터 시행하고, 특히 대기업들에 대해서는 고용형태 공시제도를 도입해서 비정규직을 자율적으로 줄이도록 유도한다는 방안도 있었습니다. 전반적으로 비정규직 규모를 완만하게 줄이면서 처우를 개선하는 쪽에 무게를 두고 있다고 하겠습니다.

'기득권자의 정당'이란 공격을 받았던 새누리당이 이런 내용의 비정규직 관련 법안을 마련하게 된 배경은 외면할 수 없는 민심 때문이었다고 하겠습니다. 현재 정부 통계를 기준으로 우리나라 임금노동자 셋 중 하나는 비정규직이고, 노동계 통계를 기준으로 보면 둘 중 하나가 비정규직입니다. 일반적으로 비정규직은 정규직에 비해 고용보장이 되지 않고 임금과 수당 등에서 많은 차별을 받고 있습니다. 그래서 늘 해고 불안에 시달리고, 소득은 정규직의 절반 수준밖에 되지 않고, 산재보험 등 사회보장에서도 대부분 제외되고, 노조 가입 등 노동기본권도 보장받지 못해 근로의욕과 사기가 낮습니다. 정부 통계를 기준으로 약 600만 명, 노동계 통계를 기준으로 약 865만 명이 이런 비정규직 노동자 신세입니다. 이렇게 다수의 노동자가 열악한 조건에서 저임금에 시달리는 현실은 곧 경제 양극화와 사회 불안이 더 심해지는 결과로 이어졌죠. 그래서 비정규직 문제가 몇 해 전부터 우리 사회의 중대 현안으로 부상했고, 2012년 총선에서는 여야 모두가 앞 다투어 공약을 내걸고 개선을 약속했던 것입니다.

정부 통계와 노동계 통계에서 각각 비정규직의 숫자와 비율이 다르다고 했는데, 그 이유는 이렇습니다. 정부 통계는 비정규직의 기준을 까다롭게 정해서 가급적 숫자를 줄이는 경향이 있고, 노동계 통계는 '실질적인 비정규직'을 포함해 대상을 넓게 잡았기 때문입니다. 정부 통계를 보면 비정규직에는 일정한 계약 기간을 정해놓고 일하는 기간제 노동자, 파트타임으로 불리는 시간제 노동자, 파견 도급 용역 사내하청 등 간접고용 노동자, 형식상 개인사업자지만 사실상 피고용자인 특수고용직 등이 포함됩니다. 그래서 정부 통계로는 2011년 8월을 기준으로 우리나라 임금노동자 1,751만 명 중 34.2%인 599만 5,000명이 비정규직입니다. 그런데 노동계에서는 정부의 비정규직 통계에 잡히지 않는 일부 일용직과 임시직 등 '취약 노동자층'을 포함하기 때문에 비정규직 숫자가 훨씬 많습니다. 노동계는 비정규직의 취지를 볼 때 건설일용직 등 취약 노동자층을 포함해야 현실에 부합한다고 주장합니다. 그래서 노동계가 주장하는 비정규직 숫자는 임금노동자의 49.4%인 865만 명가량이 되는 것입니다.

정부와 노동계, 어떤 기준으로 보더라도 비정규직 숫자가 엄청나게 많은 게 사실인데, 우리 사회에 비정규직이 이렇게 많아진 이유는 무엇일까요. 우선은 이윤을 극대화하려는 주주자본주의의 속성 때문이라고 할 수 있겠습니다. 1997년 외환위기 이전까지만 하더라도 우리나라 임금노동자의 대다수는 정규직이었습니다. 그런데 외환위기 이후 국제통화기금 등의 구제금융 조건에 따라 급속히 신자유주의적 구조조정이 추진되면서, 1998년 2월에 정리해고법과 함께 근로자파견법이 도입되고 이후 비정규직 고용이 본격화했습니다. '노동시장의 유연성을 높인다'는 명분이었죠. 하지만 실제로는 주주의 이익을 극대화하기 위해, 해고도 쉽고 임금을 적게 주어도 되고, 사회보험료를 안 내도 되는 비정규직 채용을 급격히 늘린 것입니다. 특히 비정규직은 신분이 불안정해서 회사의 눈치를 보느라 노조 활동을 하기도 어렵기 때문에 사용자 입장에서는 여러모로 편리했던 것입니다.

우리나라의 비정규직 비율은 정부 통계를 기준으로 봐도 경제협력개발기구 회원국 중 스페인과 1~2위를 다툴 정도로 최고

수준이고, 노동계 통계를 기준으로 보면 OECD 평균의 2배 수준에 이릅니다. 특히 선진국에는 가사를 병행하기 위해 스스로 시간제를 선택한 경우 등 자발적 비정규직 비중이 높은 반면 우리는 정규직을 원하지만 일자리가 없어 할 수 없이 선택한 비자발적 비정규직이 압도적으로 많다는 게 큰 차이입니다. 또 네덜란드 등 일부 유럽 국가들은 비정규직의 고용안정성이 낮은 대신 시간당 임금은 정규직보다 높게 책정하도록 하는 등 강력한 보호 정책을 쓰고 있습니다. 고용보험 등에서도 차별이 없고요. 그래서 유럽 등 선진국에선 비정규직 문제가 우리처럼 경제 양극화로 연결되는 정도가 그리 강하지 않습니다. 덴마크, 핀란드, 노르웨이, 스웨덴, 프랑스 등은 객관적 사유가 있어야 비정규직을 사용할 수 있도록 하는 규정도 두고 있다고 합니다. 선진국 중에서 일본이 우리와 비슷하게 비정규직이 2000년 이후 급속히 늘어 큰 사회 문제가 됐는데, 최근 들어 비정규직을 줄이기 위한 다양한 제도를 서둘러 도입하고 있습니다.

우리나라 야당들은 더 강력하고 확실한 비정규직 대안을 요구하고 있습니다. 민주통합당의 경우 노동계 통계를 기준으로 50% 수준인 비정규직 비율을 오는 2018년까지 25%로 낮추자고 제안했습니다. 이를 위해 비정규직을 쓸 수 있는 조건, 즉 사용사유를 출산, 질병, 계절사업 등 불가피한 경우로만 한정하자고 요구했습니다. 또 '동일가치노동 동일임금'의 원칙을 적용해 임금 차별을 없앰으로써 오는 2017년까지 비정규직의 평균 임금 수준을 정규직의 80% 수준으로 끌어올리고, 불법 사내하청으로 비정규직을 남용할 수 없도록 파견법을 개정해 파견과 도급의 구별 조항을 신설해야 한다고 제안했습니다. 기업이 비정규직을 정규직으로 전환하는 경우 지원금을 주는 방안을 한시적으로 포함하는 방안도요. 통합진보당은 기본적으로 민주당 제안에 동조하면서, 중간에서 노동자 임금을 착취하는 파견제를 아예 불허하도록 파견법을 폐지하자고 주장했습니다. 또 학습지 교사, 택배기사 등 특수고용 노동자들의 노동기본권을 보장하는 방안도 추진하고 있습니다.

이렇게 비정규직의 수를 줄이고 처우를 개선하려는 움직임에 대해 전국경제인연합회나 한국경영자총협회 등 사용자 단체들은 반발하고 있습니다. 비정규직의 사용사유를 제한하고, 임금 수준을 높이도록 강요한다면 인건비가 비싸지는 등 생산비용이 올라 기업의 경쟁력이 하락할 것이란 주장입니다. 그러면 기업들이 해외로 공장을 옮기는 등 노동자들에게도 결코 도움이 되지 않는 결과가 나올 것이라고 경고하기도 합니다. 재계를 대변하는 전문가들은 또 비정규직의 처우를 개선하려면 정규직의 해고가 쉽도록 요건을 완화하고 임금 수준을 낮추는 등 정규직의 양보를 끌어내야 할 것이라고 주장하고 있습니다.

노동계는 '이번에는 꼭 말뿐이 아닌 법과 제도로 비정규직 처우 개선이 실현되어야 한다'고 압박했습니다. 새누리당이 추진 중인 안보다 근본적이고 획기적인 입법이 추진되어야 한다는 주장입니다. 한국노동연구원의 보고서에 따르면 인건비 절약을 위해 비정규직을 활용하는 기업들이 실제로는 생산성이 떨어져 이

윤 증가 효과가 별로 없다고 합니다. 비정규직은 애사심이 떨어지고 이직률도 높아 숙련도가 잘 향상되지 않기 때문에 기업의 생산성에 부정적 영향을 미친다는 것인데, 노동계는 이런 연구 결과 등을 들어 '비정규직 증가가 기업에도 결코 이롭지 않다'는 점을 강조하고 있습니다. 그래서 앞으로 사용사유 제한 등을 통해서 비정규직 규모를 대폭 줄이고 정규직 비정규직 간의 임금과 대우상의 차별을 완화할 것, 국가가 주도하는 복지제도를 통해 사회안전망을 확충함으로써 노동자들의 전반적인 사회임금을 높일 것을 요구했습니다. 또 비정규직도 노조 활동을 통해 스스로 권익을 지킬 수 있도록 산별노조 중심의 활동을 보장해야 한다고 주장했습니다. 이런 요구들이 현실적인 정책으로 이어질 수 있다면 일할 맛이 나는 나라, 격차가 줄어든 사회가 다가올 것입니다.

3부

달항아리 같은 복지사회를 향하여

일하기 좋은 나라는
어디에

　　2008년 6월 도쿄의 번화가 아키하바라에서 스물다섯 살 젊은이가 생면부지의 행인 7명을 무참히 살해하는 사건이 벌어져 일본이 발칵 뒤집혔습니다. 그 이전인 3월에도 이바라키현 스치우라시에서 스물네 살 청년이 길 가던 사람 8명을 무차별 살상하는 일이 있었습니다. 이들 사건 이후 일본 정부와 의회는 '지나치게 열악한 노동조건을 강요하는 일부 비정규직 제도를 개선하겠다'며 수선을 떨었습니다. 두 젊은이 모두 여러 해 동안 비정규직을 전전하며 불안정한 직장생활과 주변의 냉대, 가난 속에 사회에 대한 증오심을 키워온 것으로 드러났기 때문입니다.

　　한 번 입사하면 평생이 보장되는 '종신고용'의 천국이었던 일본에서 파견직 등 비정규직이 급격히 늘어난 것은 지난 1990년 이후 경기 침체가 본격화하면서부터라고 합니다. 기업 활동을 지원한다는 명목으로 정부가 고용 관련 규제를 대폭 풀어, 기업들이 싼 값에 비정규직 노동을 활용할 수 있게 됐던 것입니다.

그런데 비정규직의 숫자가 급증하면서 함께 늘어난 것이 ‘도리마’, 즉 ‘길거리의 악마’ 사건입니다. 길에서 ‘아무나’를 대상으로 흉기를 휘두르거나, DVD방 같은 곳에 불을 질러 수십 명을 살상하는 가공할 범죄가 2008년 이전 10년간만 해도 무려 70여 건이 일어났다고 합니다. 아무리 열심히 일해도 가난을 벗어날 수 없는 이른바 ‘워킹 푸어working poor’ 계층 가운데서, 극단적인 절망감을 사회에 대한 증오로 표출하는 사람들이 늘어나고 있다는 얘기입니다.

그런데 이런 공포영화 같은 일들이 강 건너 일본만의 얘기일까요? 2008년 10월 서울 논현동의 한 고시원에 불을 지르고 투숙자들을 흉기로 살상한 정모 씨도 오랫동안 비정규직을 전전해온 실직자였습니다. 우리나라의 자살률은 벌써 몇 년째 경제협력개발기구 30개 회원국 중 1위를 지키고 있는데, 좌절 끝에 스스로 생을 마감하는 사람들과 함께 ‘묻지 마 범죄’로 증오를 폭발시키는 이들도 점점 늘고 있는 게 현실입니다.

사실 비정규직과 관련한 우리나라의 상황은 일본보다 더 심각합니다. 일본은 전체 임금노동자의 30% 정도가 비정규직이지만, 우리나라는 실질적으로 절반이 넘는 860여만 명이 여기에 해당합니다. 비정규직화가 1997년 외환위기 이후 매우 빠르게 진행됐기 때문에, 이로 인한 사회적 충격도 더 크고 내상도 깊습니다. 똑같은 일을 하면서도 임금은 정규직의 절반밖에 못 받고, 늘 해고의 불안에 시달려야 하는 노동자들이 늘면서 중산층이 대거 빈곤층으로 전락하는 빈부 양극화가 가속화되고 있습니다. 나라 경제의 덩치가 '꾸준히' 커지고 있는데도 내수가 이에 걸맞게 살아나지 않는 것은 대다수 노동자들이 '꾸준히' 가난해지고 있는 것과 무관하지 않습니다.

일이 이쯤 되면 비정규직의 처우를 개선하고, 정규직화를 촉진하는 방향으로 정책적인 노력이 경주되어야 마땅할 것입니다. 그런데 이명박 대통령 집권 초기 정부 여당은 정확히 이와 거꾸로 갔습니다. 비정규직의 남용을 막기 위해 2년으로 제한한 사용 기간을 4년으로 연장하는 방안을 추진한 것이 그 예입니다. 경제가 어려우니, 어떻게든 기업의 부담을 덜어주자는 취지라고 했습니다. 기간을 연장하면 비정규직의 해고 불안도 그만큼 줄어들 것 아니냐고 설명했습니다. 그러나 노동계에서는 이를 '고양이 쥐 생각해주는 것'이라고 일축했습니다. 기업들이야 4년간 부담 없이 저임금 노동을 활용할 수 있으니 좋겠지만, 노동자 입장에서는 희망 없는 '반값 노동자 신세'가 그만큼 연장되는 것이기 때문입니다. 이렇게 비정규직 보호 장치가 더 약화되면 기업들은 경기 침체를 빌미로 기존의 정규직 일자리마저 기회가 닿는 대로 비정규직화할 가능성이 높습니다. 여당은 여기에 저임금 노동자의 최후 보루라고 할 수 있는 최저임금제도까지 완화하는 법안을 내놓기도 했습니다. 도대체 어떤 나라를 만들려고 그랬던 걸까요. 물론 이런 정책들은 거센 반대 여론에 부딪혀 무산됐습니다.

노르웨이 오슬로대학의 박노자 교수는 한 인터뷰에서 "지금처럼 비정규직화가 계속된다면 한국의 빈민율은 중남미 저개발

국가 수준에 이를 것"이라고 전망했습니다. 일본의 사회운동 단체들은 정부가 아키하바라 사건을 계기로 비정규직 제도 개선책을 내놓자 '아무리 대책을 요구해도 꿈쩍 않더니, 살인마들이 나서야 정신을 차리느냐'고 비난했습니다. 박근혜 정부도 명심해주기 바랍니다. 대다수 노동자들에게 '일하기 좋은 나라'가 되지 못하면, 결코 '기업하기 좋은 나라'도 될 수 없다는 것을.

4대 독자의 죽음

누나만 넷인 외아들, 그것도 4대 독자인 대학생이 2009년 5월 15일 전남 보성군 벌교읍 고속도로 공사 현장에서 숨졌습니다. 터널 위에서 측량 보조를 하다 발을 헛디뎌 8미터 아래로 추락했다고 합니다. 한 집안의 '귀하디귀한' 아들이 왜 일당 5만 원짜리 공사 현장에서 위험한 아르바이트를 해야 했을까요? 알고 보니, 400여만 원에 달하는 다음 학기 등록금을 마련하기 위해서였다고 합니다. 홀어머니가 농사와 사료공장 일 등으로 버는 월 90여만 원으로는 도저히 학비를 댈 수가 없어, 대학 1학년만 마치고 자원입대를 했다가 한 달 전에 제대를 했다는 것입니다. 3년 전 홀로 된 어머니를 평소 끔찍이 위했다는 아들. 그 착한 아들을 그렇게 보내게 된 어머니의 마음은 얼마나 산산조각이 났을까요.

경제위기의 여파로 서민들의 살림살이가 더욱 어려워지면서 이처럼 가난 때문에 빚어지는 비극들이 부쩍 많아졌습니다. 등록금 때문에 휴학과 복학을 반복하다 결국 학업을 포기한 뒤 스스로 목숨을 끊은 청년, 학비 때문에 사채를 썼다가 유흥업소로 팔려간 여학생 등 고개를 돌리고 싶은 뉴스들이 신문 사회면에 넘쳐났습니다. 빈민층 자녀들을 돌봐주는 지역아동센터에는 새로운 아이들이 줄줄이 찾아오고 있는데, 정부 지원은 오히려 줄어 제대로 거두지를 못하고 있다는 소식도 있었습니다.

만성적인 고용불안과 낮은 임금, 갖가지 차별에 시달리는 비정규직 노동자들이 늘어나면서 절망과 좌절감을 사회에 대한 증오로 폭발시키는 경우도 늘어나고 있습니다. 지난 2008년 10월 '세상이 날 무시한다'며 서울 논현동의 한 고시원에 불을 지르고 흉기를 휘둘러 6명을 숨지게 한 정모 씨의 경우가 대표적인 예죠. 그는 날품팔이 등 비정규직 일자리를 전전하다 고시원 방값을 못 낼 정도로 막다른 골목에 몰리자, '세상을 날려버리고 싶어서' 범행을 저질렀다고 말했습니다. 실직과 빈곤, 그리고 암담한 장래에 절망해 스스로 목숨을 끊는 사람들의 뉴스도 신문 사회면에 빈번히 등장합니다. 도시 재개발의 와중에 '용역'들에게 밀려 쫓겨나는 세입자들, 푼돈이나 맨홀 뚜껑 등을 훔치는 생계형 범죄자들, 끼니를 거르는 아이들의 수도 늘어나고 있다고 합니다.

그런데 이 사회의 다른 한쪽에는 '돈 잔치'를 벌이는 별세계가 있습니다. 800조 원에 이른다는 유동자금이 증시로, 부동산으로 몰리면서 실물경기와 상관없이 주가는 상승세요, 부동산에도 한때 이상 열기가 돌았습니다. 경기 활성화를 위해 정부가 돈을 풀었는데, 그 돈이 정작 목마른 중소기업에는 잘 안 가고 증시와 부동산 시장에서 맴돌았던 것입니다. 주머니가 두둑한 부유층은 불황기에 헐값으로 자산을 사들이면서 더욱더 큰 부자가 됐습니다. 정부가 종합부동산세를 대폭 완화하고, 다주택자 양도세 중과세 제도도 없앴으니 집을 여러 채 가진 사람들이 부담 없이 투기에 나설 수 있게 됐습니다. 그린벨트와 수도권 규제를 풀고 재개발 재건축을 쉽게 해주고, 4대강 개발 같은 초대형 건설토목사업들을 벌이니 건설업체 등 일거리가 많아진 대기업들은 콧노래가 절로 나온다는 분위기입니다. 한국을 '조니워커 블루' 등 최고급 위스키의 최대 소비처로 등극시킨 상류 소비족들은 경제위기 속에서 더욱 극진한 대접을 받으며 돈 쓰는 재미를 만끽하고 있다는 얘기도 들렸습니다.

우리 사회의 양극화 문제가 사실 어제 오늘 대두된 것은 아닙니다. 지난 1997년 외환위기 이후 '경쟁'을 앞세운 신자유주의적 경제 정책들이 봇물을 이루면서 천천히 둑이 무너지듯 양극화가 진전됐습니다. 복지제도의 토대가 탄탄한 서구와는 달리 제대로 된 사회안전망이 없는 상태에서 직장을 잃거나 가게를 접게 된 사람들은 대부분 중산층에서 빈민으로 추락했습니다. 기업들이 자동화, 기계화에 더 많은 투자를 하고 인건비를 아끼기 위해 정규직 사원들을 비정규직으로 돌리면서 소득이 줄어든 노동자들도 빈곤층으로 떨어졌습니다. 성과급이니, 스톡옵션이니 해서 고위 경영자들의 보수가 치솟은 반면, 노동자들의 몫은 점점 줄어드는 기업 소득분배의 양극화도 여기에 한몫을 했습니다. '기업 프렌들리'를 표방한 이명박 정부가 들어서고, 글로벌 경제위기가 확산되면서 이런 추세는 더욱 심해졌습니다.

사전에 양극화를 막지 못했다면 소득 재분배 정책 등을 통해 사후에라도 빈부격차를 줄이는 노력을 하는 것이 옳습니다. 그러나 정부는 오히려 소득세, 법인세, 상속세 등 부유층의 세 부담을 덜어주는 감세 정책을 폈습니다. 복지 예산이라도 과감히 늘려 저소득층을 위한 사회안전망을 확충해야 하는데, 이 부분은 여전히 후진국 수준을 벗어나지 못하고 있습니다. 우리나라 정부 예산에서 저소득층, 장애인, 실업자 등을 위해 쓰는 사회적 공공지출이 국내총생산에서 차지하는 비중은 7% 내외로, OECD 평균의 절반에도 못 미칩니다. 회원국 중 꼴찌 수준입니다. 복지 정책을 통해 개선된 불평등도 역시 OECD 회원국 중 최하위 수준입니다. 반면 정부 예산에서 기업들이 혜택을 보게 되는 건설투자의 비중은 어느 선진국보다 높습니다.

양극화가 이런 속도로 진전되면 우리 사회는 어떤 모습이 될까요. 조지 부시 대통령의 신자유주의적 경제 정책 아래서 양극화가 극심해진 미국의 예를 살펴보면 그 방향을 짐작할 수 있을 것 같습니다. 미국을 여행해본 사람들이라면 알겠지만 미국 대도시에는 외국인에게 절대 가지 말라고 충고하는 '우범지역'이 폭넓게 존재합니다. 대개 가난한 흑인들이 밀집해 사는 곳입니다. 수도인 워싱턴 DC의 경우 백악관, 스미스소니언 박물관 등이 있는 도심에서 조금만 벗어나면 대낮에도 총알이 날아다니는 위험 지역이 있습니다. 한해 200~300명이 이런 지역에서 흉기에 피살됩니다. 할머니와 함께 거실에서 TV를 보던 아홉 살짜리 소녀가 창문을 뚫고 날아온 총탄에 목숨을 잃기도 하는 곳입니다.

2011년 5월 29일 서울 광화문 광장에서 대학생들이 '청년실업 해결, 반값등록금 실현'을 주장하며 시위를 벌이고 있다. 등록금 때문에 휴학과 복학을 반복하다 결국 학업을 포기한 뒤 스스로 목숨을 끊은 청년, 학비 때문에 사채를 썼다가 유흥업소로 팔려간 여학생 등 경제위기의 여파로 가난 때문에 빚어지는 비극들이 부쩍 많아졌다. ⓒ 경향신문

반면 미국의 부자들은 수상쩍은 사람들이 절대 접근할 수 없는 안전지대에 겹겹의 바리케이드를 치고 사설 경비원을 둔 채 살아갑니다. 중산층도 우범지역과 멀리 떨어진 교외에 모여 사는 게 보통입니다. 마약중독자, 정신이상자, 사회 증오 범죄자와 조직 폭력배들이 횡행하는 '위험한 바다' 가운데 안전지대들이 '섬'처럼 떠 있는 셈입니다. 그렇지만 이들 부유층과 중산층 지역도 늘 무사고인 것은 아닙니다. 학교, 직장, 고속도로 등에서 툭하면 벌어지는 무차별 총기난사 사건은 안전해 보이는 섬에도 성난 파도가 언제든 덮칠 수 있다는 것을 보여줍니다.

미국 정부는 그래서 경찰력을 늘리고 범죄자들을 가두는 일에 심혈을 기울여왔는데, 2008년 기준으로 약 230만 명이 교도소 담장 안에 있다고 합니다. 미국 성인 100명 중 한 명 꼴인 이 인원을 실업자 수에 포함시키면 미국의 실업률은 약 2% 포인트 올라가게 된다고 합니다. 명실상부한 '세계 최대의 감옥 국가'라고 할 만 하죠.

양극화가 심해지면 이렇게 무섭고 불안한 사회가 되기도 하지만, 경제의 성장 잠재력 자체가 뚝 떨어지기도 합니다. 많은 소비자들의 소득이 줄어 물건 살 여력이 없으니, 내수가 침체될 수밖에 없는 것입니다. 기업들이 아무리 원가 절감해서 좋은 물건을 싸게 내놓아도, 사줄 사람들이 없으면 경제가 돌아갈 수 있겠습니까. 또 공교육이 부실하고 값비싼 사교육이 기승을 부리는 우리 현실에서 빈곤 가정의 자녀들은 좋은 교육을 받기가 어려우니 국가적인 인적자원 개발에도 차질이 생길 수밖에 없습니다.

경제 양극화는 민주주의도 왜곡합니다. 부자들이 돈의 힘으로 정치인들과 관료, 사법부와 언론을 장악하고 빈곤층을 정치 과정에서 철저히 소외시키기 때문입니다. 그래서 자신들을 대변해줄 건전한 정치집단을 갖지 못한 빈민들은 외국인을 공격하거나 인종적 편견을 부추기는 비이성적 세력에게 선동당하는 경향이 커집니다. 나치가 독일을 장악하고 이탈리아가 파시스트에게 넘어간 1930~40년대가 바로 경제 양극화가 극심했던 대공황기 직후였습니다.

지금 우리가 목격하고 있는 양극화의 현실은 우리 사회가 파국을 향해 달려가고 있음을 알리는 경고라고 할 수 있습니다. 그런데 불행히도 이명박 정부는 이 사실을 잘 몰랐던 것 같습니다. 버락 오바마 미국 대통령이 부자들에게 더 많은 세금을 걷어 빈곤층을 위해 쓰기로 하는 등 선진국들이 앞 다퉈 양극화 해소에 나서고 있는 이유를 알아보려고 하지도 않았던 것 같습니다. 오히려 부자들의 세금을 더 깎아주고, 각종 규제를 풀어 재벌들의 사업에 날개를 달아주며, '기업하기 좋은 환경'을 위해 비정규직 보호를 더 후퇴시키고, 노조의 단결권을 약화시키는 정책들을 밀어붙였습니다. '부자만을 위한 정권'이라는 비난을 부끄러워하지도, 걱정하지도 않았습니다. 그런데 야당들마저 선거가 임박하기 전까지는 이 문제를 그리 긴박하게 보지 않거나, 사력을 다해 대응하지 않았습니다. 그래서 없는 사람들에게 지난 5년이 그토록 고통스러웠던 것이겠죠.

경제 엔진이
식는 이유

민간연구소인 현대경제연구원이 2012년 5월 '지속적인 소비 침체로 매년 일자리 96만 개가 날아가고 있다'는 내용의 보고서를 냈습니다. '소비의 장기 침체로 일자리가 줄어든다'는 제목의 경제 주평이었는데요, 내용은 이렇습니다. 지난 1997년 외환위기 전에는 경제가 성장하는 만큼 소비도 늘어나 일자리도 늘고 소득도 향상되면서 내수 역시 활성화하는 선순환이 일어났습니다. 그런데 외환위기 후에는 성장률만큼 소비가 늘어나지 않아 내수가 가라앉으면서 일자리도 늘지 않고, 노동자의 소득도 정체돼 경제의 성장 잠재력까지 떨어지는 악순환이 일어나고 있다는 것입니다. 구체적인 숫자를 보면 1990년에서 1997년까지 연평균 소비증가율은 7.4%로, 연평균 GDP증가율 7.5%와 비슷한 수준이었습니다. 그런데 1997년에서 2011년 사이의 소비증가율은 3.1%로, GDP증가율 4.2%에 크게 못 미쳤습니다. 이 보고서는 "97년 이후 국내총생산이 증가한 만큼 소비가 늘었다면 투자를 자극해서 일자리가 연평균 96

만 개씩 늘어날 수 있었을 것"이라고 지적했습니다.

1997년 외환위기 이후 경제가 성장하는데도 소비가 계속 침체되고 있는 이유는 무엇일까요. 보고서에 따르면 우선 국민들의 실질소득 증가율이 하락한 게 제일 큰 문제입니다. 실질소득 증가율은 1990년에서 1997년 사이 연평균 6.9%였다가 1997년에서 2011년 사이에는 0.8%로 급락했습니다. 물가를 감안한 실제 소득이 쥐꼬리만큼밖에 늘지 않았다는 것이죠. 고용사정이 나빠진데다 물가가 오른 탓이 큽니다. 또 부동산이나 주식의 가격이 떨어져 소비심리가 위축되는 '역 자산효과'가 발생한 것도 소비 침체에 영향을 주었습니다. 특히 2008년 글로벌 금융위기 이후 가계의 금융자산이 줄었고, 주가의 변동성이 커졌고, 부동산 가격도 떨어지면서 소비심리가 위축됐다는 분석이었습니다. 이와 함께 가계부채 때문에 이자상환 부담이 늘어나고 연금, 사회보험 등의 공적 비소비지출이 늘어난 것도 가계의 소비여력을 약화시켰습니다. 특히 소득 양극화로 중산층이 줄어든 것도 전반적인 소비여력이 약화된 중요한 이유라는 지적이었습니다.

가계부채의 심각성은 어제 오늘의 문제가 아니고, '우리 경제를 위협하는 시한폭탄'이라고까지 지적되고 있는데요, 가계부채의 증가가 소비 둔화에 미치는 영향은 어느 정도일까요. 가계부채, 즉 각 가정이 금융사에서 빌린 대출금에 카드대금 등 판매신용을 합한 금액은 지난 2003년 약 473조 원에서 2011년 말 약 913조 원으로, 8년 만에 거의 2배로 급증했습니다. 여기엔 대출을 받아 부동산에 투자한 가계의 빚도 있지만 중산층과 서민들의 실질소득이 정체되니까 부족한 생활자금을 빚 얻어 메운 경우가 점점 더 많아지고 있는 것으로 분석됩니다. 빚이 많다보니 각 가정은 이자를 내느라 다른 지출을 줄여야 하는 상황입니다. 원금을 제외한 이자부담만 따져도 지난 2002년에 34조 4,000여억 원에서 2011년 55조 5,000여억 원으로 늘었습니다. 이로 인한 실질소비감소액은 2002년 약 27조 원에서 2011년 약 35조 원 규모로 커졌다고 합니다.

경제 성장의 성과가 부유층에게 주로 집중되는 소득 양극화로 중산층이 줄면서 국민경제 전체적으로 소비여력이 약화되고 있다는 지적도 그동안 적지 않게 나왔는데요, 구체적인 숫자를 보면 어떨까요. 소득 양극화는 '부익부빈익빈', 즉 부자는 더욱 부유해지고 가난한 사람은 더욱 가난해지면서 중산층이 얇아지는 현상이라고 할 수 있습니다. 양극화가 얼마나 심해지고 있는지 가늠하는 지표 중 하나가 소득5분위 배율입니다. 이것은 우리나라 전체 가구 중 소득이 상위 20%에 있는 가구, 즉 5분위 가구의 소득을 하위 20%에 있는 가구, 즉 1분위 가구의 소득으로 나눈 수치입니다. 1990년에는 이 숫자가 4.1이었는데, 2011년에는 5.7로 상승했습니다. 그만큼 부유층과 빈곤층의 소득격차가 많이 벌어졌다는 얘기입니다.

한편 우리나라 가구를 소득순위별로 한 줄로 세웠을 때 가장 중간에 있는 가구를 '중위소득'이라고 하는데, 이 중위소득의 50%에서 150%를 중산층으로 분류합니다. 중산층의 비중이 1990년 75.4%에서 2011년 67.7%로 줄었고, 같은 기간 중위소득의 50% 미만인 빈곤층은 7.1%에서 15.2%로 증가했다고 합니다. 이미 충분한 소비를 하고 있는 부유층은 소득이 더 늘어난다고 해도 소비를 별로 늘리지 않지만 중산층과 서민, 빈곤층은 소득이 늘어나는 만큼 소비를 늘리는 경향이 큰데, 이렇게 중산층이 줄고 중산층과 서민의 실질소득이 정체되니 전반적으로 소비가 위축될 수밖에 없습니다.

소비가 위축되면 기업이 물건을 만들어도 잘 팔리지 않게 됩니다. 수출대기업들은 그래도 환율효과 등을 활용해서 해외 시장에서 돈을 벌 수 있지만 국내 시장, 즉 내수를 기반으로 하는 중소기업, 자영업자들은 장사가 안 돼 어려움이 커집니다. 그러다 보니 내수기업들의 추가 투자가 잘 일어나지 않고, 따라서 일자리도 늘어나지 않으며, 기존 일자리도 비정규직 등으로 질이 나빠지는 경우가 더욱 많아지는 것입니다. 이것은 다시 노동자들의 소득에 영향을 미치고, 실질소득이 정체되니 소비여력이 더욱 줄어드는 악순환에 빠지게 되는 것이죠.

소비 침체가 장기화하면서 우리 경제의 잠재성장률도 떨어진 것으로 나타나고 있습니다. 잠재성장률은 한 나라의 경제가 물가 상승을 유발하지 않으면서 도달할 수 있는 최대의 경제성장률이죠. 보고서에 따르면 1997년 외환위기 이후 소비증가율이 GDP증가율을 밑돌면서 우리 경제의 잠재성장률이 0.5% 포인트 하락한 것으로 분석됐습니다. 우리나라의 잠재성장률은 외환위기 이전(1990~97년) 기간 동안 7.2% 수준이었다가 외환위기 이후(1997~2011년)에 4.5%로 떨어졌는데, 만일 소비가 위축되지

않았다면 외환위기 이후에도 5.0%수준을 유지할 수 있었을 것
이란 얘기입니다.

결국 경제가 외형적으로 계속 성장해도 소득분배가 균형을
이루지 못하면 중산층 이하의 빚이 늘고 소비여력이 줄어들면서
구매력 감소와 내수 침체, 고용 악화, 잠재성장률 하락의 악순환
에 빠진다는 얘긴데, 이런 악순환에서 벗어나려면 어떤 대책이
필요할까요. 보고서는 수출품의 고부가가치화 등을 통한 교역조
건 개선, 일자리 창출을 위한 규제완화, 물가 불안 심리 완화, 가
계부채 연착륙 방안 수립, 중산층 육성 등을 제시했습니다. 그
런데 저는 무엇보다 현재 소득이 불충분하기 때문에 수입이 늘
면 소비를 더 많이 늘릴 가능성이 높은 서민층의 실질소득을 늘
려주는 데 정책 역량이 집중되어야 한다고 생각합니다. 예를 들
면 현재 수백만 명의 비정규직 노동자들이 정규직과 사실상 같
은 일을 하면서도 임금은 절반가량밖에 못 받고, 언제 해고될지
모르는 불안한 상황에서 일하고 있지 않습니까. 만일 이들의 처
우가 개선된다면 수백만 가구의 실질소득과 소비여력이 한층 나
아질 것입니다. 더 근본적으로는 경제적으로 중하층에 있는 노
동자와 자영업자들의 구매력을 높여주기 위해 수출대기업, 재벌
중심의 경제구조를 중소기업과 자영업자들이 활력을 찾을 수 있
는 공정한 경제구조로 전환해야 할 것입니다. 이와 함께 보육이
나 의료, 주거 등 민생의 핵심적인 영역에서 복지안전망을 강화
해 '사회적 임금', 즉 복지 혜택으로 실질소득이 늘어나는 효과를
이끌어내야 합니다.

지금까지 이와 관련한 정부의 일자리 정책은 공기업에 단기간의 청년인턴을 고용하는 것 등 '숫자상으로는 실적이 잡히지만 실질적 고용 효과는 없는 보여주기 대책'이 많았다는 비판이 있습니다. 그래서 여야 정당도 2012년 총선과 대선 기간 동안 비정규직의 처우 개선과 정규직 전환 지원 등 다양한 약속을 내놓았죠. 중요한 것은 이런 약속들이 과연 현실적이고 정교한 정책으로 만들어져 강력하게 추진되는가 하는 것입니다. 보다 끈질긴 사회적 압력이 필요합니다. 비정규직 문제 해결은 할 수도 있고 안 해도 되는 '시혜'가 아니라 우리 경제의 생존이 걸린 과제라는 인식을 해야 하겠습니다. 또 일자리를 많이 늘리는 기업에 세금 혜택을 주는 고용장려세액공제제도가 일부 시행되고 있는데, 중소기업들을 중심으로 이를 대폭 활성화할 필요가 있습니다. 이와 더불어 수출대기업 위주의 각종 조세와 행정 지원을 양질의 일자리 창출과 근로여건 개선을 촉진하는 쪽으로 전면 개편할 필요가 있겠습니다.

이건희 손자
급식 논란

"선생님이 칠판에 '급식신청지원서 제출'이라고 쓰셔서 가슴이 철렁했어요. 제 이름을 부르실까 봐서요."

"진짜 급식 지원 받으라고 교무실로 부르는 거 싫어요. 교무실 가면 저랑 같이 급식 지원 받는 애들도 있고 창피하거든요."

"동사무소 가서 '한부모 가정 증명서'라는 걸 떼어오라는데 어떻게 말해야 돼요? 저 진짜 바보같이 부끄럼 많은데……."

"공짜로 먹는데 많이 먹을 땐 다른 아이들에게 미안해요."

2010년 12월 EBS 〈지식채널e〉에서 방송된 리포트 '공짜 밥'

에 담긴 아이들의 목소리입니다. 급식비 낼 형편이 안 돼 '공짜 밥'을 먹는 아이들이 자신의 가난을 '증명'하고 '선별'되는 과정에서 얼마나 마음의 상처를 입는지 절절한 얘기들이 담겨 있습니다. 이 동영상이 트위터 등을 통해 퍼지면서 '이럴 줄은 몰랐다' '눈물을 참을 수 없었다'는 반응들이 폭발했습니다.

전면 무상급식 운동을 벌이는 시민단체들은 감수성이 예민한 나이에 '밥 한 끼' 때문에 상처받는 아이들, 혹은 수치심 때문에 그냥 굶는 아이들이 적지 않기에 절박한 심정으로 나섰다고 말했습니다. 초·중학교는 의무교육이라 수업료를 받지 않는 것처럼, 점심도 학교에서 모두에게 무료로 주어 누구도 '낙인찍히는' 고통 없이 '따뜻한 한 끼'를 먹게 하자는 것이라고 설명했습니다. 나아가 지역 농가와의 계약을 통해 유기농 등 친환경 급식을 한다면 아이들의 건강 증진과 지역 경제 활성화에도 도움이 되지 않겠느냐는 게 이들의 구상입니다.

그런데 이 아이디어를 오세훈 전 서울시장 등 정부 여당이 '표를 노린 포퓰리즘'이라고 공격하면서 '떳떳한 밥 한 끼'로 가는 길이 험난해졌습니다. 오 전 시장은 차기 대선을 위해 보수표를 모으려는 의욕 때문이었는지, 앞뒤 안 맞는 주장도 서슴지 않았습니다. 그는 '왜 부잣집 아이들까지 공짜 밥을 먹이느냐'고 따졌습니다. 그런데 서울시는 오 시장의 선거 공약이라며 그해 예산에 초등생 '전원'의 학습준비물 무상지원 예산 380억 원을 편성했습니다. 오 전 시장의 논리대로라면 부잣집 아이들에게까지 공짜로 학습준비물을 나눠주는 것은 말이 안 되지 않습니까.

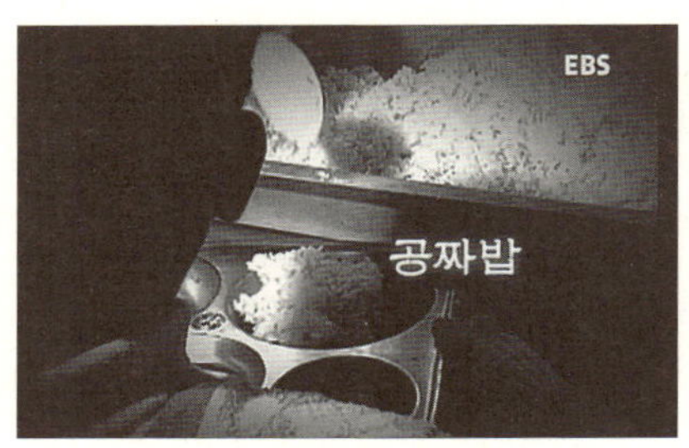

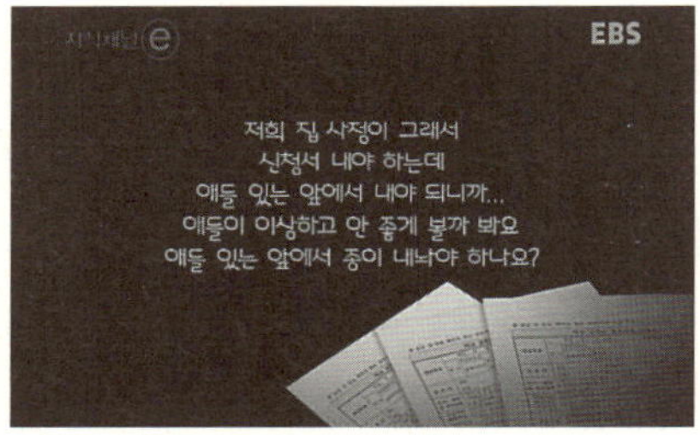

2010년 12월 27일 EBS 〈지식채널e〉에서 방송된 '공짜 밥'편. 무상급식에 대한 찬반 여론을 어른의 입장이 아닌 아이들의 시각으로 다뤄 시청자들의 호평을 받았다. ⓒ EBS

KBS 〈개그콘서트〉의 '여당당' 김영희라면 이렇게 물을 수도 있지 않았을까요. "와 준비물은 되고 밥은 안 되는데? 와 그라는데?"

의무교육이라 가난한 집은 물론 부잣집 아이들에게도 학비를 안 받고, 준비물도 거저 준다면 점심을 공짜로 못 먹일 이유가 뭘까요. 더 생각해봅시다. 세금 낼 형편이 안 되는 집 아이들은 그야말로 '공짜 밥'을 먹겠지만, 일반 납세자 가정은 부모가 낸 세금으로 아이들이 점심을 먹는 셈입니다. 그렇다면 이건희 삼성그룹 회장 손자가 무상급식을 받더라도 시비할 필요가 없습니다. 부모와 조부모가 남보다 많이 냈을 세금 덕을 보는 것이지, 결코 '공짜'로 먹는 게 아니기 때문입니다. 정부가 할 일은 '이건희 손자까지 공짜 밥을……' 하는 공세 대신 그와 같은 부유층이 법대로 세금을 내는지 철저히 따져 재정을 확충하는 일일 것입니다.

오 전 시장과 서울시는 또 '무상급식 때문에 학교시설 개선 등 다른 사업을 못한다'고 목청을 높였습니다. 그러나 무상급식은 교육 예산의 다른 항목을 줄여서 하자는 게 아닙니다. 낭비성, 전시성 예산을 교육복지로 돌리자는 것이죠. 오 전 시장의 보좌관이었던 선대인 씨는 언론 기고에서 "서울시가 연간 1조 원이 넘는 한강르네상스 등 토건사업의 입찰 방식을 바꿔 건설사들에게 가는 잔칫상 규모만 줄여도 충분히 무상급식이 된다"고 말했습니다. 4대강 사업 예산 22조 원을 모두 돌린다면 전국 초중고생 전원에게 10년간 무상급식을 할 수도 있다는 계산도 누군가 내놨더군요.

　무상급식에 반대하는 사람들은 또 '유럽은 복지병을 수술하느라 난리다' '복지를 늘리면 재정위기를 겪는 남유럽 짝 난다'는 얘기도 곧잘 했습니다. 국내총생산 대비 복지 지출이 OECD 회원국 평균의 3분의 1, 혹은 절반밖에 안 되는 우리가 유럽 복지병 걱정을 하는 것은 살찐 사람들이 다이어트를 한다고 해서 뼈만 앙상한 약골에게까지 '조금만 먹어' 하는 꼴이 아닐까요. 또 포르투갈 등 위기에 빠진 남유럽 국가들은 유럽에서 복지가 가장 낙후된 나라들이고, 재정위기의 근본 원인은 탈세를 방치하는 등 세금을 제대로 못 걷었기 때문이라는 게 사정을 잘 아는 전문가들의 얘깁니다. 스웨덴, 핀란드 등 진짜 복지국가들은 대학까지 무상교육을 하는데 고작 초중학교 급식을 놓고 이 난리를 피우다니, 정말 우리가 이 정도밖에 안 되는지 한숨이 나왔습니다.

아이 낳으면,
키워주실래요?

우리 집 아이 둘은 일곱 살 터울입니다. 원래는 2~3년 차이로 낳아 친구처럼 자라게 하고 싶었는데 첫아이를 낳고 보니 '깨몽', 꿈에서 확 깰 수밖에 없었습니다. 아침 일찍 나가 밤늦게 돌아오는 직장생활에 맞춰 안심하고 아이를 맡길 곳은 어디에도 없었습니다. 시어머니, 친정어머니, 입주 도우미와 파출부, 어린이집 등을 상황에 따라 총동원했지만 늘 전전긍긍할 수밖에 없었습니다. 어르신들은 항상 건강하기가 어려웠고, 아이를 꾸준히 돌봐줄 아주머니를 구하는 것도 쉽지 않았습니다. 어린이집은 우리의 출퇴근에 비해 너무 한정된 시간만 아이를 맡아주었고, 시설이나 교육면에서 마음 놓이지 않는 곳도 많았습니다. 열나고 찡찡대는 아이를 남의 손에 맡기고 출근하는 날이면 '과연 일을 계속해야 할까'를 고민하기 일쑤였습니다. 아이 때문에 직장 그만두는 이들의 심정을 백번 공감하고도 남았습니다. 그러니 아이를 하나 더 낳는 일을 미루고 미룰 수밖에 없었던 것이죠.

놀라운 것은 경제가 성장하고, 여성의 사회 참여가 늘고, 양성평등을 위한 제도가 보완된 지금도 젊은 주부들이 여전히 10~20년 전 저와 같은 고민을 하고 있다는 사실입니다. 얼마 전 출산을 앞둔 후배에게 '아이를 어떻게 키울 생각이냐'고 물었더니 한숨부터 폭 내쉬었습니다. 시가와 친정 모두 돌봐줄 형편이 못되고, 집 근처에 믿을 만한 공립 어린이집이 있어 가봤더니 대기자가 이미 150명이나 되더라는 것입니다. 그래도 정규직이며 중산층인 이 친구는 부담이 되더라도 결국은 괜찮은 어린이집을 고를 수 있을 것입니다. 반면 대다수 맞벌이 서민층의 고민은 훨씬 심각합니다. 그 중에서도 최저임금 언저리의 박봉에, 몇 시간씩 걸려 출퇴근을 하고, 야근도 군말 없이 해야 하는 생계형 비정규직 엄마들의 처지는 처절할 지경입니다. 더 오랜 시간, 더 싼값에 아이를 맡아주는 곳을 찾다보니, 시설의 안전성이나 교육 내용은 따질 수도 없습니다. 때때로 '어린이집 원장과 교사가 아이를 피멍들게 때렸다' '상한 음식을 먹였다' '낡은 놀이시설에 아이들이 다쳤다' 등등의 뉴스라도 볼라치면 심장이 내려앉습니다. 또 전업주부라고 해도 애 키우기가 만만한 게 아닙니다. 어린이집, 유치원부터 시작된 사교육비 부담이 초·중·고로 올라갈수록 눈덩이처럼 불어나기 때문입니다.

'아이 키우기 힘든 세상'이 이처럼 여전한 반면, 한 가지 확실하게 달라진 것이 있다면 젊은이들의 대처 방식인 것 같습니다. 예전엔 아이를 위해 직장을 그만두는 사람이 많았다면, 지금은 아예 낳지 않는 결단을 내리는 경우가 많아졌다는 것입니다.

이것이 우리나라가 세계에서 가장 빨리, 가장 출산율이 낮은 나라가 된 배경일 것입니다. 이명박 정부가 저출산 대책을 마련한 것도 상황이 워낙 심각하기 때문일 텐데, 문제는 그 처방이 남의 다리 긁듯 핵심을 벗어나 있었다는 점입니다.

　젊은 부부들은 무엇보다 '합리적 비용에 안심하고 맡길 수 있는 시설'이 '집 가까이' 있길 바랍니다. 출산율 높이기에 성공한 스웨덴, 프랑스 등 유럽 국가들이 보육시설의 80~90%를 국공립으로 운영하는 것만큼은 아니더라도 어느 정도는 정부가 나서서 양질의 보육 환경을 만들어달라는 것입니다. 이른바 '보편적 복지'의 관점에서 아이 키우는 문제를 풀어보자는 얘기입니다. 우리는 국공립 보육시설이 5% 미만인데, 이를 획기적으로 개선하겠다는 의지가 아직 보이지 않습니다. 보육비 지원을 늘린 것도 그런 지원조차 없었던 때보단 훨씬 낫지만 안심하고 맡길 시설 자체가 부족한 상황에서 근본 대책은 못 됩니다. 육아휴직을 활성화하고 수당을 늘리는 것은 꼭 필요한 방향이지만, 이런 제도를 쓸 수 없는 비정규직에겐 '그림의 떡'입니다. 여성 노동자의 70%가 사실상 비정규직이고, 집값은 너무 비싸 방 한 칸 늘리기 어렵고, 사교육 때문에 적자 가계부를 감수해야 하는 현실에서 '돈 좀 줄 테니 아이 낳아라' 하는 처방이 어느 정도나 설득력이 있을까요. 2013년 국가 예산에서 '보편적 복지' 개념의 보육비 지원 제도가 도입됐지만 아직 갈 길이 멀어 보입니다.

　명절마다 스트레스를 받는 젊은 부부들이 많다고 합니다. '이젠 애를 낳아야지' '둘째를 봐야지' 하는 어른들 때문이죠. 관심과 걱정 때문이란 걸 알지만, 아주 힘겨웠던 젊은이도 많았을 것입니다 "아이 낳으면, 키워주실래요?" 하는 반문을 목젖에서 꾹꾹 누르느라고.

말썽꾼 루니가
돌팔매를 면한 이유

"우리들이 일자리를 위협받으며 어느 때보다 허리띠를 더 조여야 하는 이때, 부끄러움을 모르는 축구선수 웨인 루니는 5,000만 파운드(약 900억 원)짜리 보수 계약을 따냈다."

영국 신문 데일리메일이 2010년 10월 23일자 1면 머리로 올린 '탐욕의 승리A victory for greed'라는 제목의 기사 내용입니다. 영국 정부가 재정위기 타개책으로 공무원 대량 감원 등 긴축계획을 내놓은 외중에 루니가 5년간 매주 20만 파운드(약 3억 6,000만 원)씩을 소속팀 맨체스터 유나이티드로부터 받게 된 것을 거칠게 비난한 기사였습니다. 아내 몰래 외도하다 발각되고, 알렉스 퍼거슨 감독과 비난 공방을 벌이는 등 스캔들 범벅인 '말썽꾼'에게 이런 '돈벼락'은 더욱 가당찮다는 논조였습니다. 독자들도 1,000여 명이나 온라인으로 몰려와 분노의 댓글을 남겼습니

다. "축구선수들은 탐욕스러운 은행가와 동급이다." "쪼들리면서
도 루니의 방탕에 뒷돈을 대주는 축구팬들, 제발 정신 차려라."
그런데 짧은 댓글 하나가 '폭발 직전의 증기'를 살살 빼내고 있
었습니다. "그래도 그 중 50%는 세금으로 나간다는 것을 잊지
맙시다."

　영국은 2010년부터 연봉 15만 파운드(약 2억 7,000만 원) 이
상 최고소득 계층의 소득세율을 종전 40%에서 50%로 올렸습니
다. 경제위기로 재정이 급속히 악화하고 있으니 능력 있는 계층
에게 더 걷겠다는 것입니다. 그래서 루니가 받는 연봉의 절반은
국고로 들어가 저소득층의 복지재원 등으로 쓰이게 됩니다. 축
구선수의 한 주 수입이 대다수 월급쟁이의 연봉보다 많은 '미친'
소득구조에도 불구하고 이렇게 재분배 기능이 작동하기에 영국
인들은 흥분을 가라앉혔는지도 모릅니다. 루니의 엄청난 소득은
재능과 노력의 결과이긴 하지만 영국이 아닌 아프리카라면 꿈도
꿀 수 없었을 거라는 점, 사회로부터 많은 혜택을 받을수록 많이
갚아야 한다는 것을 그들은 당연하게 생각하고 있었습니다.

　우리나라 여당이 '부자 감세 철회'를 놓고 논란을 벌인 일이
있습니다. 정두언 의원 등 일부 정치인이 2012년으로 예정된 법
인세와 소득세 인하안을 철회하자고 나선 것입니다. 이들은 소
득세 최고세율을 35%에서 33%로, 법인세 세율을 22%에서 20%
로 낮추는 계획을 강행할 경우 '부자를 위한 정당'이라는 공격을
당해낼 수가 없다고 주장했습니다. '영국, 미국 등은 고소득층의
세 부담을 올리는데 우리는 더 깎아준다는 게 말이 되느냐'고 비

판하는 야당에 동조한 셈입니다. 그러나 여당 지도부가 청와대로부터 전화 한 통을 받은 후 이 얘기는 '없었던 일'이 됐다는 보도가 이어졌습니다. 청와대의 감세론자들은 부유층과 대기업의 세 부담을 줄이면 투자와 소비가 늘어 저소득층도 혜택을 입는다는 이른바 '낙수효과'를 내세워 'MB노믹스'의 핵심인 '감세'를 고수하겠다는 입장을 보였습니다. 이 감세 계획은 나중에 결국 철회되긴 했지만 말 입니다.

이명박 정부는 2008년 종합부동산세를 유명무실화하는 등의 조치를 통해 이후 5년간 90조 원이 넘는 세수를 감소시켰습니다. 그런데 나라 빚이 눈덩이처럼 늘고 급증하는 복지수요를 감당할 재원 마련이 막막한 상황에서 또 추가 감세를 추진했던 것입니다. 문제는 감세론자들의 주장과 달리 그동안의 대대적 감세가 이렇다 할 투자 증가와 일자리 창출 효과를 끌어내지 못했다는 점입니다. 장하준 캠브리지대 교수가 이즈음 펴낸 책《그들이 말하지 않은 23가지》에서 강조한 것처럼 감세로 인한 낙수효과는 지금까지 어느 나라에서도 실제로 입증된 적이 없다는 게 여러 실증 분석의 결론입니다. 그럼에도 강만수 전 청와대 경제특보는 "감세 정책은 IMF가 권고할 뿐 아니라 학문적으로도 실증된 사안"이라고 말했다고 합니다. 장하준, 폴 크루그먼, 진 스펄링 등의 저서를 보면 실증 결과가 반대로 나왔다는 것을, IMF가 아시아 위기·서브프라임 위기와 관련해 낸 반성문을 보면 그들의 정책 권고 중 엉터리가 많았다는 것을 금방 확인할 수 있는데, 답답한 일입니다.

　신자유주의의 발상지인 영국과 미국이 '이 길이 아닌가벼~' 하고 방향을 틀었는데도 우리 정부는 '부자 감세'를 줄기차게 붙들었고, 그 중 가장 목청을 높인 이가 1997년 국가부도 위기 당시 주무부처 차관이었다는 사실이 참 불길하고 착잡했습니다. '부자 감세'가 아니라 오히려 '부자 증세'를 해야 탄탄하고 지속적인 성장이 가능하다는 것을 이미 역사가 보여주고 있는데 말입니다.

한국판 〈식코〉는 No

몇 해 전 미국에서 살 때의 일입니다. 아들아이가 한밤중에 배를 움켜쥐고 떼굴떼굴 구르기에 응급실로 달려갔더니, 급성 맹장염이라고 했습니다. 날이 밝기를 기다렸다가 수술을 받았는데, 의사가 집도 전후에 이런저런 설명을 어찌나 친절하게 해주던지 감동할 지경이었습니다. 수술도 배를 절개하지 않고 작은 구멍을 내서 하는 복강경 방식이라 병실에서 딱 하룻밤을 지내고는 발걸음도 가볍게 퇴원했습니다.

"역시 미국 병원은 친절하고 훌륭해!" 우리 가족은 감탄했습니다. 그러나 감동은 오래가지 않았습니다. 며칠 후부터 날아오기 시작한 청구서에 우리는 강펀치를 맞은 듯 정신이 얼얼해졌습니다. 수천 달러의 응급실 사용료, 마취의사와 수술실 간호사 보수, 외과의사 집도비, 떼어낸 맹장 조직검사비, 입원실 사용료, 사후 검진비 등 조각조각 나뉜 청구서를 두어 달 동안 받아 합쳐보니 거의 2만 달러에 육박했습니다. 맹장수술에 2,000만 원이라니! 다행히 한국에서 가입하고 온 여행자보험이 2만 달러까지 보장하게 돼 있어 가슴을 쓸어내렸지만, 더 큰 병이었다면 어찌 됐을까 아찔했습니다.

그제야 의료보험이 없는 주변의 교포들이 왜 그렇게 불안해하는지 이해할 수 있게 되었습니다. 한 미국인 친구에게 보험료를 얼마나 내는지 물어보니, 자기네는 직장보험 혜택을 못 받기 때문에 네 가족 앞으로 월 1,500달러 정도(약 165만 원)가 나간다고 하더군요. 미국은 노인이나 극빈층을 제외하면 모두 민영 의료보험에 가입해야 하기 때문에, 보험료 수준이 아주 높다는 것입니다. 그래서 전체 미국인의 15%, 특히 연소득 2만 달러에서 3만 5,000달러인 저소득 가구 가운데서는 무려 40%가 아무런 보험 없이 그저 병 안 걸리기만을 기원하며 산다고 합니다.

지난 2008년 국내에도 개봉된 마이클 무어 감독의 다큐멘터리 영화 〈식코Sicko〉는 보험이라는 안전판 없이 살인적인 의료비 정글에 내던져진 가난한 미국인들의 모습을 보여줍니다. 릭은 기계로 나무를 자르다 손가락 두 개가 절단되는 사고를 당했습니다. 병원에서 그에게 제시한 봉합수술의 '견적'은 가운데 손가락 6만 달러(약 6,600만 원), 약지 1만 2,000달러(1,320만 원)였습니다. 의료보험이 없었던 릭은 '비싼' 중지를 포기하고 '상대적으로 저렴한' 약지를 선택했습니다. "사람의 몸에 가격표를 붙이다니!" 하고 그의 아내는 분개했지만, 철저히 '산업화'된 의료체제에서는 자기 손가락도 돈이 없으면 살 수 없는 '상품'일 뿐이었습니다. 영화에는 교통사고를 당한 애덤이 수술비를 댈 수 없어 깊게 찢어진 무릎을 스스로 꿰매는 장면도 나옵니다. 이런 비참한

2010년 6월 9일 서울 참여연대 회의실에서 열린 국민건강보험 하나로 시민회의 준비위원회 발족식에서 최병모 복지국가소사이어티 이사장이 발족사를 낭독하고 있다. 이명박 정부가 인수위 시절부터 제시한 건강보험 당연지정제 폐지, 영리의료법인 허용, 민간 의료보험 활성화 등은 서서히 미국식 의료 체제로 가겠다는 구상이다. 이는 국민의 생명과 건강을 돈벌이의 대상으로 보는 것이라고 할 수 있다. ⓒ 경향신문

현실은 국가가 담당해야 할 국민 의료를 자본의 탐욕에 맡긴 결과라고 영화는 말하고 있었습니다.

경제학자인 폴 크루그먼은 2007년 펴낸 저서 《미래를 말하다The Conscience of a Liberal》에서 미국의 1인당 의료비가 캐나다, 프랑스, 독일, 영국 등 다른 선진국의 2배 이상인데도 평균수명은 가장 짧다고 탄식했습니다. 왜 그렇게 됐을까요. 의료보험을 민간 기업들에게 맡기는 바람에 이익을 극대화하느라 의료비와 보험료는 비싸지고, 의료서비스의 평균적인 질은 떨어졌기 때문이라는 것입니다. 예컨대 공보험 체제에서는 정부가 제약업체들과 협상을 벌여 의약품의 단가를 낮추는데, 미국은 이런 협상을 맡아줄 주체가 없어 높은 의약품비가 그대로 적용된다고 합니다. 보험회사들은 가입자의 과거 병력을 조사해서 병원비를 많이 쓰지 않을 사람들만 가입시키느라 엄청난 조사 비용을 씁니다. 가입자가 일단 치료를 받고 보험료를 청구하면, 그때는 혹시 보험료 지급을 거부할 핑계거리가 없는지 찾기 위해 별도의 전문가들을 활용합니다. 공적보험이라면 쓰지 않았을 이런 활동에 돈을 많이 쓰기 때문에 미국의 민간 보험사는 전체 재원의 15%가 관리비로 나간다고 합니다. 노인 대상 공적보험인 메디케어의 관리비가 2%에 불과한 것과 비교되죠. 크루그먼은 "진료 자체보다 진료 거부에 더 많은 돈을 들이기 때문에, 여러 분야에서 최첨단 기술을 갖고 있는 미국이 이토록 비효율적인 의료서비스 제도를 갖게 된 것"이라고 지적했습니다.

이런 미국 얘기를 듣다보면 '전 국민 의료보험체제'를 갖추고 있는 우리나라에서 사는 것이 퍽 다행스럽게 여겨집니다. 하지만 앞으로는 우리도 긴장해야 합니다. 이명박 정부의 의료 정책 기조가 미국식 민영화에 상당히 기울어 있었고, 관련 일정이 이미 시작됐기 때문입니다. 이명박 정부가 인수위 시절부터 제시한 건강보험 당연지정제 폐지, 영리의료법인 허용, 민간 의료보험 활성화 등은 서서히 미국식 의료 체제로 가겠다는 구상이라고 할 수 있습니다.

건강보험 당연지정제를 없앤다는 것은 현재의 건강보험으로는 치료를 받을 수 없는 병원이 늘어난다는 뜻입니다. 민간 의료보험을 활성화한다는 것은 공적보험 대신 민영보험의 적용 범위를 넓혀 장차 공적 의료보험체제의 기반을 무너뜨릴 가능성을 안고 있는 것입니다. 영리의료법인을 허용한다는 것은 '수익 추구'가 최대의 목표인 '주식회사 병원'을 만든다는 것인데, 미국의 경우 영리의료법인이 도입된 이후 비필수 진료가 늘어 의료비가 비싸진 반면 환자 사망률은 더 높아졌다는 연구 결과가 있습니다.

2008년 제주도에 영리의료법인을 도입하는 방안이 추진되다 주민 여론조사 결과 무산됐는데, 문제는 이것으로 끝이 아니라는 것입니다. 의사협회 등 수익을 극대화하려는 의료 공급자들, 의료산업을 통해 경제성장률을 높여보겠다는 정부 관료들, 시장 확대의 돌파구를 찾으려는 보험업계의 이해가 맞물려 언제든 반전을 꾀할 가능성이 있습니다. 금융위원회가 한때 건강보험 가입자들의 병력 정보를 민간 보험업체들이 활용할 길을 터주려는 움직임을 보였던 것도 예사롭지 않은 조짐입니다. 최근

에는 인천 송도 등 경제자유구역에 영리병원이 들어설 수 있는
법이 통과되기도 했죠.

무어 감독은 〈식코〉에서 돈 있는 환자들에게 간이라도 빼줄
것처럼 하던 미국 병원들이 가난한 환자들을 빈민구호소 앞에
갖다버리는 장면을 보여주었습니다. 반면 정부가 의료를 책임지
는 영국과 프랑스에서는 의사들이 돈 얘기를 전혀 꺼내지 않고
정성껏 치료한 뒤, 가난한 환자에게 집에 갈 교통비까지 주는 모
습을 비추었습니다. 무어 감독은 "이 나라들(프랑스, 영국)이 할 수
있는 일을 우리(미국)는 왜 할 수 없는가?"라고 물었습니다. 두 나
라와 미국의 차이는 국민의 생명과 건강을 국가가 기본적으로
보호해야 할 가치로 보는가, 아니면 돈벌이의 대상으로 보는가
의 차이라고 할 것입니다. 어느 길을 따라가야 옳은지, 분명하지
않습니까.

끝나지 않은
영리병원 논쟁

2009년 12월, 영리병원 설립을 허용하는 문제를 놓고 기획재정부와 보건복지부가 '일합'을 겨루었습니다. 결과는 일단 복지부의 판정승이었습니다. 이명박 대통령이 "시간을 두고 더 검토하라"며 '신중론'을 주장한 복지부의 손을 들어주었기 때문입니다. 그러나 당시의 교통정리로 영리병원 논쟁이 아주 잠잠해질 것이라고 본 사람은 많지 않았습니다. 기획재정부, 지식경제부 등의 경제 관료들과 자본 동원력이 있는 대형 병원들이 '서비스산업 선진화' 논리를 내세워 언제든 다시 불을 붙일 가능성이 높았기 때문입니다. 아니나 다를까, 이명박 정부 말기에 정부는 경제자유구역에 영리병원을 허용하는 것으로 물꼬를 텄습니다.

영리병원이란 '투자개방형의료법인'을 쉽게 부르는 말입니다. 일반 주식회사처럼 외부 투자자들로부터 자본금을 조달해 쓰고, 병원을 운영해 얻은 이익금을 투자자들에게 되돌려주는 수익추구형 병원을 뜻하죠. 지금까지 우리나라 의료법은 의사

개인이나 비영리법인, 국가와 지방자치단체만 의료기관을 설립할 수 있도록 하고 있고, 주식회사 형태는 금지했습니다. 또 수익금은 병원 내의 인력 장비 시설에만 재투자할 수 있고, 다른 사업에 사용할 수 없게 돼 있습니다. 병원이 지나치게 영리 위주로 운영될 경우 과잉 진료나 저소득층 소외 등의 폐해가 나타날 수 있기 때문에 제한을 둔 것입니다. 그런데 영리병원이 도입되면 이런 제약이 다 풀리게 됩니다.

경제부처들이 영리병원 도입을 강력히 주장하는 논리는 '선진 경제로 도약하기 위해서는 금융, 교육, 의료, 법률 등 서비스 산업을 발전시켜야 한다'는 맥락입니다. 영리병원을 허용해서 첨단의료 등에 대한 투자를 활성화하고, 해외 환자도 유치하고, 이를 통해 고용을 창출하면 경제 성장에 큰 도움이 될 것이라는 얘기입니다. 반면 보건복지부와 시민단체들은 병원들이 투자자 이익을 최우선으로 해서 운영될 경우 의료의 공공성이 훼손되고 국민들의 의료복지 수준이 후퇴할 것이라며 신중론을 펴거나 반대하고 있습니다. 보건산업진흥원은 영리법원들이 경쟁적으로 비싼 장비를 들여오고 비보험 항목 위주로 과잉 진료를 할 가능성이 높아 전반적인 의료비 부담이 늘고 저소득층의 병원 접근성이 떨어질 것이라고 전망했습니다. 또 수익성이 높은 수도권으로 병원들이 몰리면서 지방의 의료서비스가 낙후되고, 영리병원으로 의사들이 대거 빠져나가면서 중소병원들은 폐업 위기에 몰릴 것이라는 지적도 했습니다.

이렇게 상반된 주장을 보는 국민들은 혼란스럽습니다. 어떤 얘기가 맞는 것일까요. 이미 영리병원을 도입하고 있는 다른 나라의 예가 참고가 될 것입니다. 미국은 전체 병원의 20~30%가 영리법인인데, 영리병원들이 '저비용 고수익 경영', 비용은 줄이고 이윤은 많이 내는 경영을 추구하면서 비영리병원에 비해 환자사망률이 높고 의료의 질은 떨어진다는 연구 결과가 보고되었습니다. 싱가포르의 경우는 영리병원들이 해외 환자를 많이 유치하는 등 성공적으로 운영되고 있어 국내 영리병원 도입론자들이 자주 거론합니다. 그러나 이 나라는 정부가 운영하는 공공병상이 전체 의료의 70% 이상을 차지해 국민의료서비스에 문제가 없습니다. 반면 우리는 공공병상 비중이 11%에 불과해 영리병원이 본격적으로 도입되면 서민들이 높은 의료비 부담 등으로 치료를 제대로 못 받을 가능성이 높습니다. 영리병원 도입은 우리나라 공공의료 수준을 먼저 높이면서, 전반적인 의료복지를 후퇴시키지 않고 추진할 방법이 있는지 신중히 검토해서 결정해야 할 것입니다. 만일 영리병원 도입으로 인해 서민들의 '치료받을 권리'가 희생될 수밖에 없다면 논의를 중단하는 것이 마땅할 것입니다.

가난을 입증해야 하는
사람들

2012년 12월, 연말연시를 맞아 '가난한 이웃을 돌아보자'는 목소리들이 높은 가운데 '우리나라 빈곤층이 갈수록 늘어나고 있다'는 통계가 나왔습니다. 빈곤층을 정의하는 방식은 소득이 그 사회의 최저생계비에 못 미치는 인구를 따지는 절대 빈곤층 개념과, 중위소득의 절반에 못 미치는 인구의 비율을 따지는 상대적 빈곤층 개념이 있습니다. 이 중 연도별, 국가별 비교에 주로 쓰이는 것이 상대적 빈곤층 개념입니다. 상대적 빈곤층을 좀 더 자세히 설명하자면 한 나라의 모든 가구를 연소득 순서에 따라 일렬로 세울 때 가장 가운데 있는 가구의 소득을 중위소득이라고 하고, 이 중위소득의 50% 즉 절반에 못 미치는 가구를 빈곤층이라고 보는 것입니다. 참고로 중위소득의 50~150%에 해당하는 사람들은 중산층, 150% 이상인 경우 고소득층이라고 분류합니다. 전체 가구 중 상대적 빈곤층에 해당되는 가구의 비율을 그 사회의 빈곤율이라고 하죠.

통계청이 2012년 12월 21일 발표한 '2012년 가계금융·복지조사 결과'를 보면 2011년을 기준으로 우리나라의 상대적 빈곤층 비율, 즉 빈곤율은 전체 인구의 16.5%인 것으로 나타났습니다. 이는 그 전 해인 2010년의 14.7%에 비해 1.8% 포인트 늘어난 것인데, 1980년대 이후 빈곤율이 가장 낮았던 1992년의 7.68%에 비하면 거의 두 배나 되는 수치입니다. 2011년 가처분소득을 기준으로 우리나라 가구의 중위소득이 1,996만 원이었는데, 이것의 50% 즉 998만 원보다 연간소득이 적은 가구가 우리나라 6가구 중 한 가구인 셈입니다. 우리나라의 빈곤율은 OECD 회원국 중에서도 아주 높은 편에 해당합니다. 가구 특성별로 빈곤율을 보면 1인 가구는 50.1% 즉 절반가량이 빈곤층이고, 취업자가 없는 가구의 빈곤율은 66.7%나 됐습니다. 또 조부모와 손주만 사는 조손가구의 빈곤율은 59.5%였고 장애인 가구 38.9%, 한부모 가구 37.8%, 다문화 가구의 20.8%가 빈곤층인 것으로 집계됐습니다.

나라 경제는 외형상 지속적으로 성장하고 있는데 이렇게 빈곤층이 늘어나는 이유는 무엇일까요. 상대적 빈곤층이 갈수록 늘어나는 이유는 이른바 신자유주의적 경쟁을 심화시키는 경제 정책의 영향으로 분배구조가 악화되면서 부익부빈익빈, 즉 경제 양극화가 심해진 때문이라고 하겠습니다. 중산층 가운데 빈곤층으로 전락하는 인구가 갈수록 늘었던 것이죠. 또 최근의 변수로는 2008년 글로벌 금융위기 이후 경기 침체가 지속되면서 일자리 사정이 더 나빠진 것이 빈곤층 증가로 이어졌다고 할 수 있겠습니다. 특히 기업들이 저임금에 고용이 불안한 비정규직을 많

2011년 3월 7일 서울의 한 거리에서 한 할머니가 폐지를 수집하고 있다. 빈곤층 중에서도 우리나라는 특히 노인 빈곤이 심각하다. 2011년을 기준으로 한국 노인의 빈곤율은 45.1%에 달한다. ⓒ 경향신문

이 늘리면서 노동자 가구의 사정이 나빠진 게 우리 사회 빈곤층 증가의 주요 원인 중 하나라고 볼 수 있습니다. 반면 빈곤층을 포함한 국민의 기초생활을 지원해주는 복지제도, 즉 주거와 보육, 교육, 건강 등에 대한 국가적 지원체계는 제대로 갖춰지지 않아 상황이 더 악화된 것입니다.

빈곤층 중에서도 우리나라는 특히 노인 빈곤이 심각합니다. 2011년을 기준으로 한국 노인의 빈곤율은 45.1%입니다. 노인 두 명 중 한 명은 빈곤층이란 뜻이죠. 이런 노인빈곤율은 OECD 회원국 중 가장 심각한 수준입니다. OECD 회원국 중 우리나라보다 경제력이 뒤지는 멕시코의 노인빈곤율이 28%, 경제가 파탄이 난 그리스도 22.7%로 우리의 절반 정도에 불과합니다. OECD 평균 노인빈곤율은 13.5%인데, 우리나라는 3배를 넘는 수준의 노인빈곤율을 보이고 있는 것이죠. 2012년 말 전남 고흥에서 할머니가 전기요금 15만 원을 내지 못해 전기가 끊기자 촛불을 켜고 지내다 집에 불이 나 외손자와 함께 숨지는 사고가 있었죠. 이것이 1인당 소득 2만 달러를 넘어선 나라에서 빈곤한 노인 세대가 처한 가슴 아픈 현실의 한 단면입니다. 우리나라 노인들이 특히 가난한 것은 적절한 노인 일자리가 부족하고, 연금 등 복지제도 역시 미비하기 때문입니다. 선진국은 고령화가 진전되기 전에 연금 등 각종 복지제도가 갖춰진 반면 우리는 복지를 확충하기에 앞서 고령화와 가족 해체가 급격히 진행되면서 대책 없이 가난한 노인들이 급증했습니다.

빈곤층을 위한 기초수급과 노령연금 등 각종 제도가 있긴 한

데, 문제는 대상이 너무 제한적이고 지출 규모가 부족하다는 것입니다. 기본적으로 '심하게 가난함을 입증해야 도움을 받는' 선별적 복지인데다 전체 복지 지원규모는 너무 적은 것이죠. 그나마 이명박 정부 들어서는 기초수급 대상자 수가 더 줄어드는 등 빈곤층 복지가 후퇴하기도 했습니다. 기초수급 수혜자는 지난 2009년 157만 명에서 2012년 9월 현재 141만 명으로 줄었습니다. 2010년부터 사회복지통합관리망이 본격 가동되면서 실제로 부양을 안 하는데도 소득 있는 자녀가 서류상 존재한다는 이유로 혜택에서 제외되는 경우가 늘었기 때문이라고 합니다. 이 때문에 기초수급에서 제외된 노인이 절망한 나머지 스스로 목숨을 끊는 사건까지 일어났죠.

우리나라 빈곤층 복지는 수급자가 되면 다양한 혜택을 받고, 탈락하면 다 사라지는 '올 오어 낫싱all or nothing'형 복지로, 최저선보다 조금 위의 가난한 사람들(차상위 계층)은 거의 아무런 혜택을 못 받는 구조이기도 합니다. 또 기초수급자가 시간제 일이라도 해서 소득이 늘면 그만큼 수급 혜택을 줄이기 때문에 제도적으로 근로 기회를 막는 모순도 안고 있습니다. 앞으로는 적어도 주거와 보육, 교육, 의료 등 기초생활에 있어서는 중산층까지 포괄하는 보편적 복지제도를 점진적으로 확충해나가야 빈곤층의 생활 개선은 물론 중산층이 빈곤층으로 추락하는 사태를 막을 수 있을 것입니다. 또 경제 정책의 기조 자체가 양극화를 심화시키는 수출대기업 위주에서 벗어나 내수, 중소기업, 자영업자 등을 배려하고 노동자들의 고용 안정과 처우 개선, 단결권 보호

를 지원하는 쪽으로 전환되어야 빈곤 문제도 자연스럽게 개선될
것입니다.

'국가가 내게 해준 게 뭐냐'에 답하라

2010년 12월 무렵 '복지국가' 얘기가 뉴스에 부쩍 많이 등장했습니다. 예산을 둘러싼 논란도 있었고, 보편적 복지니 선별적 복지니 하는 논쟁도 벌어졌습니다. 사회적으로 복지 확대 요구가 점점 커지고 있는 상황에서 2012년 대선을 앞두고 정치권이 적극적인 대응을 시작했기 때문이었습니다. 우리 사회가 '성장'을 넘어 '복지'를 논의하는 단계로 이행하고 있는 징후라는 해석도 나왔습니다. 잘 아시다시피 지난 1997년 외환위기 이후 우리 사회의 '부익부빈익빈'이 매우 심화됐습니다. 게다가 2008년 글로벌 금융위기 이후 소득 양극화와 고용 불안이 더욱 가중되면서 서민 복지의 필요성이 더욱 절실해졌습니다. 특히 지난 2010년 6·2 지방선거 때 '무상급식' 등 '보편적 복지'를 내세운 야당이 승리하면서 '성장'에 몰두했던 여당도 복지 이슈에 관심을 갖게 된 것이죠. 이런 가운데 여당이 2011년 예산안을 '날치기' 통과시키면서 방학 중 결식아동급식지원비 등 서민 복지예산을 대거 삭감한 것으로 나타나 여야 공방이 증폭됐습니다.

이 과정에서 이명박 대통령이 "우리나라는 이미 복지국가에 들어서고 있다고 해도 과언이 아니다"라고 말한 게 논란을 가중시켰습니다. 2011년 예산 중 복지부문이 약 86조 원으로 전체재정의 28%나 돼 '역대 최고 수준'이라며 그런 말을 했죠. 그러나 야당은 우리나라 복지재정이 선진국 평균의 3분의 1 내지는절반밖에 안 되는 현실을 호도하는 것이라고 반박했습니다.

경제 성장과 함께 예산 전체 규모가 커지니 복지예산도 매해'역대 최고'가 되는 것은 당연한 것이고, 중요한 건 국내총생산대비 복지지출입니다. OECD 회원국의 평균 복지지출은 GDP대비 20%대인데, 우리는 7~8%대에 불과해 3분의 1, 넉넉하게잡아도 절반 수준입니다. '고령화 저출산'이 이미 심각한 우리가OECD 평균 수준을 따라가기 위해서는 해마다 복지지출을 크게늘려야 하지만 복지예산 증가율은 지난 2008년 12%에서 2011년 6%로 오히려 낮아져 이에 역행하고 있는 게 현실입니다. 또6% 정도 늘어나는 2011년 복지예산에서 보금자리주택 건설비등 토목건설투자 같은 걸 빼면 실질적인 복지재정 증가율은 1%정도밖에 안 된다는 분석도 있었습니다.

그런데도 예산을 맡은 기획재정부 장관까지 "복지 같은 데재원을 써버리면 남는 게 없다. 나라 형편이 되는 한도 내에서 복지를 즐겨야 한다"고 말해 반발을 샀습니다. 복지에 대한 행정부의 인식을 적나라하게 드러내는 발언이었죠. 4대강 사업처럼 사회간접자본SOC 건설에 쓰는 돈은 성장에 도움이 되고, 복지지출은 낭비일 뿐이라는 사고를 보여준 것입니다. 반면 복지 확대를 주장하는 경제 전문가들은 민생을 안정시키는 복지 투자야말로 노동의 질을 높이고 내수 확대 등을 통해 경제의 역동성을 높여 지속가능한 성장의 토대를 만든다고 주장했습니다.

당시 차기 대권 주자 중 한 명이었던 박근혜 의원이 '한국형 복지국가론'을 제시하면서 여당 안에서도 복지를 중시하는 분위기가 조성되기 시작했습니다. 박 의원이 '생애주기에 맞는 맞춤형 복지서비스'라는 '한국형 복지국가 모델'을 제시했던 것이죠. 생애주기라는 것은 아이를 낳았을 때, 한참 기르고 교육할 때, 또 노인이 되었을 때 등 생애의 각 단계를 말하는 것인데, 여기에 맞게 필요한 복지서비스를 제공한다는 것이었습니다. 이런 박 의원의 구상은 '복지의 중요성을 인식하고 대안을 제시했다는 점에서 긍정적'이라는 평가를 받았습니다. 나중에 대선에서 승리하는 데도 큰 도움이 되었고요. 그러나 대통령에 당선된 박 의원이 '부자 감세'를 주장했던 입장에 근본적인 변화가 없는데, 이런 복지를 위한 재원은 과연 어떻게 조달할 것인지 청사진을 내놓지 않아 '공허한 립서비스'라는 비판도 없지 않았습니다. 여당은 대선에서도 끝까지 '세금을 늘리지 않겠다'는 입장을 고수했는데, 막대한 복지재정 수요를 증세 없이 어떻게 조달하겠다는 것인지, 재정에 밀려 복지 확대 구상을 축소하는 것은 아닌지 의구심이 가시지 않고 있습니다.

복지 논쟁과 관련해 한동안 초점이 되었던 것이 '보편적 복지'와 '선별적 복지'의 대립입니다. 야당은 보편적 복지를, 여당은 기본적으로 선별적 복지를 주장했죠. 선별적 복지는 우리 사회가 지금까지 해온 것처럼 가난한 소수에 한정해서 복지 혜택을 주는 것입니다. 월 소득 일정액 이하인 가정을 기초생활지원 대상자로 지정해서 생활비 보조 등을 해주는 것, 또 가난한 학생만 골라 무상급식하는 것을 예로 들 수 있습니다. 이에 반해 보편적 복지는 '소수 빈곤층에 대한 시혜가 아니라 모든 국민이 누려야 할 사회적 권리'로 복지를 이해하는 것입니다. 그래서 교육, 의료, 보육 등 민생의 핵심 영역에서 모든 국민에게 차별 없이 혜택을 주는 것이죠. 예를 들어 의무교육 대상인 초·중학생은 가정 형편과 상관없이 학교에서 모두 무료 점심을 주는 것, 일정 연령 이하의 어린이를 키우는 가정에는 국가가 보육비를 똑같이 지원하는 것 등을 말합니다.

그런데 무상급식 논쟁에서 나타난 것처럼 여권은 보편적 복지에 대해 '포퓰리즘', 즉 대중 영합적 정책이라고 비판했습니다. 반면 야당은 선별적 복지가 '돈 내는 사람 따로, 혜택 받는 사람 따로'이기 때문에 납세자의 저항이 있는데, 보편적 복지는 세금 낸 혜택을 모두가 실감할 수 있어서 그만큼 거부감이 줄고 사회 통합에도 기여할 수 있다고 주장했습니다.

뜨거웠던 보편복지, 선별복지 논쟁은 박근혜 대통령 당선자가 '전면 무상보육'을 채택하면서 무색해지게 됐습니다. 5세 이하의 아이를 둔 가정은 소득수준과 상관없이 모두 국가가 보육비를 지원하기로 했기 때문이죠. 여당이 이론적으로 반대했던 보편적 복지를 결국 정책으로 수용한 것입니다. 그럼에도 정부 여당

내부에는 '보편적 복지는 포퓰리즘'이라는 시각이 아직 살아 있어서 앞으로 복지를 확대하는 데 상당한 걸림돌이 될 것으로 보입니다.

전세 잡히고
빛내는 서민들

　　　　　　　　　2012년 4월 서민 가계가 어려워지
면서 전세 보증이나 자동차를 담보로 생활자금을 빌리는 생계형
가계대출이 늘어난다는 기사가 많이 나왔습니다. 보도에 따르면
2012년 3월 말을 기준으로 국민, 우리, 신한, 하나 등 4대 시중
은행의 전세금담보대출 잔액이 1년 전에 비해 53%나 늘어났다
고 합니다. 8,413억 원에 이른다는 것입니다. 전세금담보대출은
시중 은행들이 서울보증보험의 보증을 받아서, 집주인에게 지불
한 전세금을 담보로 잡고 세입자에게 생활자금 등을 대출해주는
상품입니다. 지난 2008년 무렵에 등장한 후 조금씩 대출이 늘다
가 2011년 은행들의 일반 가계대출이 억제되면서 큰 폭으로 증
가하는 추세를 보이고 있습니다.

　　여신 전문 회사인 캐피탈사들이 주로 취급하는 자동차담보
대출도 서민들이 급전을 마련하는 수단으로 인기를 모았습니다.
예를 들어 아주캐피탈의 오토담보론은 2010년 말 잔액이 80억
원이었는데 2011년 말엔 130억 원으로 60% 이상 늘었습니다.

원래 자동차담보대출은 대부업체와 사금융업체들이 주로 취급 했는데, 현대 등 캐피탈 회사들이 뛰어들면서 대부업체보다 낮은 15% 안팎의 금리로 서민층을 공략하고 있다는 소식이었습니다.

이런 전세금담보대출, 자동차담보대출뿐 아니라 마이너스통 장대출이나 예·적금담보대출 등 전반적인 생계형 긴급자금 대 출 규모가 함께 늘어나고 있다는 소식이 이어졌습니다. 한국은 행의 가계대출 통계를 보면 2012년 1월을 기준으로 은행과 제2 금융권 가계대출에서 주택담보대출을 뺀 '기타대출' 잔액이 247 조 9,266억 원이었습니다. 1년 전의 231조 5,221억 원보다 16조 5,000억 원(약 7%)이 늘었습니다. 기타대출에는 마이너스통장대 출, 신용대출, 예·적금담보대출 등이 포함됩니다. 전문가들은 이 런 대출의 대부분이 서민들의 생활비 혹은 자영업자의 긴급 운 영자금으로 쓰였을 것으로 추정하고 있습니다. 그래서 앞으로 경기가 더 나빠지면 가계가 빚을 갚는 데 더 큰 어려움을 겪을 것이라고 전망합니다.

가계부채의 양극화 현상도 나타나고 있습니다. 통계청의 2011년 가계금융조사를 보면 그해 금융부채가 있는 가구의 비 중은 56.2%로 전년도보다 2.5% 포인트 늘었는데, 하위 20% 계 층의 경우 그 두 배가량인 4.2% 포인트가 늘었습니다. 반면 상위 20%는 1% 포인트 정도 느는 데 그쳤다고 합니다. 즉 저소득층 중 빚을 진 가구는 늘고 상위 소득층의 부채가구 비중은 정체되 는 추세라는 것입니다. 특히 금융부채를 진 이유를 살펴볼 때, 상 위 40% 가구는 주로 부동산 구입 등 투자 목적이었던 반면 하위

20% 계층의 54.7%는 전월세보증금, 결혼자금, 의료비, 교육비, 부채 상환 등 생계 때문이었다고 답했습니다. 저소득 계층은 현재 소득으로 생계비를 충당하기 어려워 돈을 빌렸으니, 빚을 갚기도 힘든 경우가 많습니다. 그래서 신용불량자가 되는 등 더 어려운 처지에 빠져드는 경우가 흔하다고 합니다.

　　이렇게 서민들의 생계형 대출이 늘어난 것은 아무래도 소득은 제자리걸음인데 물가는 오르는 등 살기가 팍팍해진 탓이 크다고 하겠습니다. 일본의 대표적인 증권회사인 노무라가 2012년 4월 10일 '한국 가계부채의 과잉'이란 보고서를 내놨는데, 한국의 가계부채가 세계에서 가장 빠른 속도로 늘어나고 있다고 지적했습니다. 특히 최근 들어 실질 소득은 제자리인데 물가 상승으로 살림살이가 어려워지면서 생계형 가계부채가 급증했다고 분석했습니다. 전문가들은 이와 함께 금융사들이 기업대출보다 수익성이 높은 가계대출에 집중해서 공격적으로 영업 전략을 편 영향도 있다고 지적합니다. 노무라증권에 따르면 우리나라의 가계부채 잔액은 지난 2002년 464조 7,000억 원에서 2011년 말 912조 8,000억 원으로, 약 10년 사이 2배 규모로 늘었습니다. 특히 2011년 가처분소득은 4.8% 늘어나는 데 그친 반면 가계부채는 9.7%가 늘어 가계의 소비여력을 악화시켰다는 분석입니다. 그래서 2011년 우리나라 가계의 평균 가처분소득 대비 가계부채 비율이 156.1%로 전년보다 7%포인트 증가했는데, 이는 미국의 114%, 영국의 144% 등 대부분의 선진국에 비해 높은 수준입니다. 이 숫자는 그만큼 각 가정이 벌어들이는 소득으로 빚을 갚기가 어려워지고 있다는 뜻입니다.

　이런 생계형 대출의 문제점은 특히 비은행권을 중심으로 대출이 늘어나면서 대부분 높은 금리가 적용된다는 데도 있습니다. 전세금대출의 경우 시중 은행들이 취급하지만, 캐피탈 회사의 자동차담보대출 등 비은행권에서 서민 생계자금 대출이 더욱 활발합니다. 통계를 보면 2010년에서 2011년 상반기까지 캐피탈 등 비은행 금융회사들의 가계대출 증가율은 17.95%로, 은행권(8.5%)의 2배가량 됩니다. 종합하면 가계부채 증가의 중심축이 중상위 소득계층에서 하위 소득층으로, 금리가 낮은 은행권에서 높은 비은행권으로, 주택 구입 대출에서 생계형 대출로 이동하고 있는 추세라고 하겠습니다. 그런데 문제는 은행권에 비해 제2금융권은 전반적으로 높은 금리를 적용하고, 특히 신용도가 낮은 서민일수록 가산금리가 더 붙어 고금리 부담에 시달린다는 것이죠. 그래서 돈이 급해 빌렸다가 제때 갚지 못해 대부업체 등 초고금리를 적용하는 업체에까지 손을 벌리게 되고, 이리저리 '돌려막기'를 하다가 빚이 눈덩이처럼 불어나 결국 파산하는 가계가 적지 않습니다.

　세계 각국이 2008년 글로벌 금융위기를 겪은 이후 '디레버리징deleveraging'이라고 해서 부채를 줄이는 추세인데요, 우리나라의 경우만 거의 유일하게 가계부채가 늘어났다고 합니다. 실질소득은 늘지 않으면서 부채가 늘면 나라 경제 전반에 부정적인 영향이 큰데 말입니다. 노무라증권은 2012년 우리나라의 가계부채 수준이 과잉에 도달하면서 민간소비가 크게 위축될 것이라고 전망했습니다. 구매력이 떨어져 민간소비가 위축되면 내수가 침체되고, 결과적으로 경제 성장의 발목을 잡게 된다는 것이죠. 신용평가회사인 무디스도 "한국에서 지금과 같은 가계부채 증가세가 지속된다면 은행의 자산건전성에도 부정적 영향을 미치고 민간소비에도 부담이 될 것"이라고 지적했습니다.

그렇다면 대안은 무엇일까요. 우선 단기적으로는 형편이 어려운 사람들일수록 신용등급이 낮아 고금리 대출을 쓸 수밖에 없는데, 금리 부담을 낮춰주는 금융 정책 차원의 대책이 필요합니다. 지금 미소금융, 햇살론 등 저금리 서민금융제도가 있지만 여러 가지 제약으로 이용할 수 없는 사람이 많습니다. 따라서 긴급 생계자금은 저금리로 쓸 수 있는 창구를 넓히거나, 고금리 대출을 저금리로 전환해주는 기회를 확대할 필요가 있습니다. 또 하나는 근본적으로 저소득층의 소득을 개선할 수 있는 일자리 대책이 필요하다는 것입니다. 저소득층이 빚을 더 지지 않고, 빚을 스스로 갚을 수 있도록 재정사업 등을 통해 공공 일자리를 제공하거나, 비정규직의 정규직 전환 지원을 통해 고용의 질이 높아지도록 획기적인 대책을 추진할 필요가 있습니다. 이와 함께 의료나 보육, 주거 등 필수적 지출 때문에 서민들이 빚쟁이가 되지 않도록 복지안전망을 전반적으로 강화하는 정책도 필요하다고 하겠습니다.

4부

원전, 성장을 위해 목숨을 걸어야 하나

두렵지 않나,
카산드라의 경고

프랑스의 대표적 지성으로 꼽히는 미래학자 자크 아탈리는 금융위기가 한창이던 지난 2008년에 쓴 책 《위기 그리고 그 이후》에서 세계 경제의 '희망적 가능성'과 '우울한 전망'을 함께 내놓았습니다. 희망적 가능성이란 이번 위기를 계기로 각국이 '고삐 풀린 자본권력'에 '민주적 통제'를 가함으로써 세계 경제가 안정적 번영의 궤도에 오를 수 있을 것이란 기대입니다. 반면 우울한 전망은 현실적으로 각국이 그걸 못 해낼 것이라고 보는 것입니다. 몇 가지 미봉책으로 이번 사태를 넘긴 뒤, 머지않아 더 큰 위기에 빠지게 될 것이라는 얘기죠. 2013년 현재 세계 경제는 아탈리의 우울한 전망대로 가고 있는 모습입니다. 아탈리는 나아가 '탐욕'을 절제하지 못한 세계가 더 큰 파국, 즉 지구온난화로 인한 인류 멸망 수준의 재해를 향해 '조종실 없는 비행기'처럼 날아갈 가능성도 있다고 경고했습니다.

아탈리의 경고가 섬뜩하면서도 설득력 있게 느껴지는 이유는 각국 지도자들이 "절대 그럴 리 없다"고 무시했던 가능성들이 눈앞에 현실화하는 것을 우리가 목격한 탓입니다. 지난 2005년, 2006년 무렵 누리엘 루비니, 로버트 실러 등 '입바른' 경제학자들이 "부동산 거품과 저금리, 파생상품의 범람이 엄청난 금융위기를 낳을 것"이라고 경고했을 때 미국 정부 등은 무시했습니다. 그러나 곧 2007년의 서브프라임모기지 위기가 닥쳤습니다. 우리에게도 잊을 수 없는 경험이 있습니다. 김영삼 정부가 1996년 경제협력개발기구 가입을 위해 금융 개방을 밀어붙였을 때 경제정의실천시민연합 등 시민단체들은 반대했습니다. 그러나 당시 정부는 이를 무시하고 전진했죠. 이듬해 우리는 치욕적인 외환위기를 맞았습니다.

위기를 예고하고 개혁을 촉구하는 목소리가 이렇게 외면당하는 이유는 기존 체제에서 이득을 보는 이들의 힘이 세기 때문입니다. 파생상품 등으로 떼돈을 버는 월가의 금융회사들, 이들로부터 돈을 받고 채권 등급을 매겨주는 신용평가 회사들, 월가의 헌금을 받는 정치인 등이 모두 금융위기의 공범이었고, 이후 개혁의 최대 방해 세력이 되었습니다. 각국의 지구온난화 대처가 더딘 것도 정유사, 자동차 회사 등 대기업들의 로비가 작용한 탓이 큽니다.

지금 세계적 공포의 진원지가 되고 있는 일본 원자력발전소에도 이런 역사가 있습니다. 근본적으로 지진에 취약한 일본 땅에 50기가 넘는 원전이 건설되는 동안 환경 전문가와 시민단체등은 거세게 반대했습니다. 그러나 원전으로 이익을 보는 건설업체, 전력회사, 그들과 유착된 정부 관료와 정치인 등 '원전 마피아’가 이를 무시했습니다. 그 결과가 지금의 ‘원전 대재앙’입니다.

일본의 재앙은 오는 2030년까지 발전량 중 원전 비율을 현재의 30%에서 약 60%까지 높이고, 원전을 수출 주력으로 키우기로 한 우리나라에 충격적인 반면교사가 됩니다. 이 계획대로 원전을 더 짓는다면 조만간 한반도는 ‘원전 밀집도 세계 1위’가 됩니다. 이 땅에서도 지진, 테러, 전쟁, 오작동의 가능성을 100% 배제할 수 없는 게 현실인데 원전으로 먹고사는 전문가들과 정부는 “완벽하게 안전하다”는 말만 되뇝니다. 전 세계에 채 500기가 되지 않는 원전에서 지난 30~40년간 체르노빌 등 3건의 초대형 사고가 터졌습니다. 사고를 낸 나라들은 미국, 러시아, 일본 등 기술 초강대국들입니다. 우리에겐 절대 사고가 안 날 것이며, 사고가 나도 절대 안전하다는 주장을 도대체 어떤 근거로 믿을 수 있을까요. 국내 원전 임직원들이 원전 고장을 은폐하고 부조리를 저지른 것이 속속 드러나는 현실에서 말이죠.

그리스 신화에 나오는 트로이의 마지막 공주 카산드라는 아폴론 신으로부터 예지 능력을 얻지만 그의 사랑을 거절한 탓에 아무도 그녀의 예언을 믿지 않는 저주를 받습니다. 트로이는 “적국의 목마를 받지 말라”는 그녀의 경고를 무시했다가 목마에 숨어든 그리스 군에게 패망하고 말았습니다. 일본의 재앙은 ‘원전 대국’을 향해 제동장치 없이 달리는 한국을 향한 카산드라의 경고일지도 모릅니다. 이제라도 원전에 대한 무모한 집착을 버리고 독일처럼 ‘인간의 목숨을 위협하지 않는’ 에너지, 즉 신재생에너지 개발과 에너지 소비 절감에 승부를 걸라는 메시지일 수 있

습니다. 아이들과 오래 살아야 할 이 땅인데, 귀를 좀 기울여야

하지 않겠습니까.

알고 보니
핵폭탄이었네

우크라이나 등 옛 소비에트연방(소련)에 속했던 지역 사람들은 너무 크거나 이상하게 생긴 과일이나 야채를 보면 "체르노빌에서 왔나봐" 하고 농담을 한다고 합니다. 지난 1986년 구소련의 체르노빌 원자력발전소에서 발생한 대형사고로 수많은 인명이 희생된 것은 물론 농작물의 유전자 변형 등으로 돌연변이가 많이 생긴 것을 빗댄 말입니다.

앞으로는 우리나라 등 일본 주변국 사람들이 이상하게 생긴 농산물을 보고 "후쿠시마에서 왔나봐" 하고 말할지도 모르겠습니다. 2011년 3월 11일 일어난 지진과 쓰나미의 영향으로 후쿠시마 원전에 대형사고가 터지면서 방사능 물질이 대량 누출됐기 때문입니다. 후쿠시마와 인근 지역에서 생산된 우유, 시금치, 수돗물, 수산물 등에서 이미 허용치의 수십 배가 되는 방사능이 검출됐고, 우리나라에 들어온 일본산 농수산물에서도 비슷한 결과가 나와 소동이 벌어졌습니다. 당장은 일본산 농작물의 폐기와 수입 금지 조치 등으로 국내 물가가 영향을 받는 정도겠지만, 앞으로 일본과 주변국의 생태계에 어떤 재앙이 나타날지 걱정하지 않을 수 없습니다.

체르노빌의 악몽이 희미해지면서 요 몇 년 사이 '원전 르네상스'를 맞았던 세계 각국은 눈앞에서 벌어진 후쿠시마 사고를 계기로 앞 다퉈 원전 정책을 재검토하고 있습니다. 기존 원전의 가동을 연장하려 했던 독일은 일본 사태를 계기로 17개 노후 원전 중 7개의 가동을 즉시 중단하고 안전점검을 실시하는 한편 '국민적 대토론'을 거쳐 오는 2022년까지 원전으로부터 '완전 탈출'하기로 결정했습니다. 스위스, 벨기에, 이탈리아도 국민투표나 의회 논의 등을 거쳐 '탈원전'을 결정했습니다. 원전 대국인 프랑스는 사고 직후에 '원전 고수'를 선언했다가 사회당의 프랑수와 올랭드가 집권하면서 원전 의존도를 낮춰나가는 정책으로 선회했습니다. 미국은 오바마 정부가 '원전 정책 변경 없다'고 선언한 데 대해 의회와 시민단체 등이 거센 반론을 제기하고 있습니다. 직접 '뜨거운 맛'을 본 일본은 정부가 탈원전으로 기울었다가 2012년 자민당의 아베 신조 정권이 들어서면서 원전 고수 쪽으로 회귀하자 시민단체 등의 저항에 직면하고 있습니다.

그런데 우리 정부는 초지일관 '원전 고수'를 강조했습니다. '가동 중인 원전의 안전성을 진단하겠다'고 할 뿐, 원자력 발전을 대대적으로 늘리는 내용의 에너지 정책에 대해서는 재검토할 생각이 없다고 합니다. 우리나라는 현재 21기의 원전을 가동해서 전체 발전량의 약 30%를 얻고 있습니다. 정부는 오는 2030년까지 원전 19기를 더 지어 전체 발전량 중 원전점유율을 59%까지

2011년 3월 일본 도후쿠 지방에서 발생한 강진의 여파로 후쿠시마 원자력 발전소가 폭발해 방사능이 대규모로 방출되는 등 일본 사상 초유의 방사능 피해를 입었다. 환경 전문가들은 원자력발전이 만일의 사고 때 '원자폭탄' 같은 파괴력을 갖는데다 '탄소 배출이 적고 값싼 에너지'라는 일반의 인식과 달리 우라늄 채굴과정과 원전 건설비용, 폐기물 처리문제까지 고려하면 절대 '청정에너지'도, '저렴한 에너지'도 아니라고 말하고 있다. ⓒ AP/연합뉴스

올리겠다고 합니다. 그야말로 '원전 중심의 에너지 정책'을 추구하겠다는 것입니다. 이 땅에서 지진이 일어나거나 테러, 전쟁, 인간의 실수 등으로 만에 하나 사고가 발생한다면 그 원전들이 한순간 '핵폭탄'이 될 수 있다는 것을 일본을 통해 생생히 보고도 말입니다.

환경 전문가들은 원자력발전이 만일의 사고 때 '원자폭탄' 같은 파괴력을 갖는데다 '탄소 배출이 적고 값싼 에너지'라는 일반의 인식과 달리 우라늄 채굴과정과 원전 건설비용, 폐기물 처리문제까지 고려하면 절대 '청정에너지'도, '저렴한 에너지'도 아니라고 역설합니다. 또 우리처럼 원전에 지나치게 의존하다보면 지구온난화 대응을 위해 절실한 에너지 절감과 신재생에너지 개발에 소홀하게 돼 에너지 구조가 퇴행적으로 갈 수 있다고 걱정합니다.

일본이 지진에 취약한 동북부 지역에 수십 기의 원전을 건설하는 무리한 정책으로 오늘의 재앙을 부른 것은 정치권과 정부가 원자력 대기업과 유착한 탓이며, 도쿄전력 등 원전기업들은 이윤추구를 위해 안전관리를 소홀히 하고 정부에 허위 보고를 일삼았다는 폭로들이 쏟아지고 있습니다. 일본의 엄청난 실패를 보고도 '원전 증설'을 외치는 우리 정부는 과연 일본 정부와 닮은 데가 없는 것인지 자꾸 의심하게 됩니다.

또 다른 후쿠시마를
원하는가

점심 무렵 도심의 대기업 빌딩. 텅 빈 사무실 천장엔 형광등이, 책상엔 컴퓨터들이 열을 내고 있습니다. 같은 건물 지하의 대형마트. 한겨울임을 잊을 만큼 난방이 후끈한 가운데 신선식품과 음료코너 등에서는 활짝 열어둔 냉장고 문으로 찬 공기가 연기처럼 피어나옵니다. 건물 밖 카페 골목. 대낮이라 눈에 띄지도 않는데 간판과 외벽의 장식용 조명이 환합니다.

어지간한 가정에서는 요즘 전기료 아끼느라 온 가족이 비상인데, 집 밖에선 이런 낭비가 여전한 이유는 뭘까요. 누진제가 적용되는 주택용에 비해 일반용(상업용)과 산업용 전기요금이 훨씬 싼 탓일 것입니다. 특히 산업용 전기료는 원가에 훨씬 못 미칠 뿐 아니라 많이 쓰는 대기업에게 오히려 할인해주는 '역누진제'가 적용돼 구조적으로 에너지 낭비를 부추깁니다. 그래서 우리나라는 1달러 제품을 만드는 데 OECD 회원국 평균의 1.75배, 일본의 거의 3배에 이르는 전력을 쓸 정도로 에너지 효율이 낮습니다.

2012년 3월 11일 삼척 핵발전소 백지화투쟁 위원회와 근덕면 원전 반대 투쟁위원회가 일본 후쿠시마 핵발전소 폭발사고 1주년을 맞아 신규 원자력 발전소 건설 후보지인 강원 삼척시 근덕면에서 '핵발전소 결사반대 범시민 궐기대회'를 열고 있다. 우리나라가 후쿠시마 사고를 통해서 원전의 가공할 위험성을 목격한 후에도 원전의존도를 더 높이는 에너지 정책을 고수한다는 것은 어리석은 일이 아닐 수 없다. ⓒ 연합뉴스

지구온난화를 막기 위해 전 세계가 에너지 절감에 머리를 싸맨 가운데서도 2005년부터 2010년 사이 우리나라 전력소비는 30.6%가 늘었다고 합니다. 지식경제부에 따르면 같은 기간 미국은 1.7% 늘어나는 데 그쳤고 일본과 영국은 각각 1.9%와 5.1%가 줄었습니다.

전력소비가 이렇게 급증하니 공급이 따라가기 어려워 이따금 정전사태가 빚어지기도 합니다. 그렇다면 해결책은 무엇일까요. 무엇보다도 가장 많은 전기를 쓰는 기업들이 절약하지 않을 수 없도록 요금을 원가 이상으로 올리고 누진제를 적용해야 하지 않을까요?

그런데 정부 대책은 엉뚱한 방향으로 가고 있습니다. 지식경제부는 여러 차례 전력요금을 조정하면서도 요금체계는 손대지 않고, 산업용 가격을 다른 것보다 약간 더 올리는 데 그쳤습니다. 그리고는 일본 후쿠시마 사고 후 주춤했던 원전 건설을 계속하겠다며 강원 삼척과 경북 영덕을 새 후보지로 선정했습니다. 기업들의 전력 낭비는 놔두고, 그 낭비를 지탱하기 위해 원자력발전소를 더 짓겠다는 얘기인 셈입니다. 그러면 현재 21기인 원전은 2030년까지 총 40기로 늘어나고 전체 발전에서 원전 비중은 31%에서 59%로 커져, 그야말로 '원전 대국'이 됩니다.

서울에서 부산까지가 고작 400킬로미터 남짓인 국토에 40기의 원전이 들어선다고 생각해봅시다. 원전 사고는 반경 200킬로미터까지 영향을 미친다니, 이 땅에서 '만일의' 원전 사고에 안전한 지대는 남지 않을 것입니다. 지질 전문가들은 원전이 집중된 강원과 경북 해안 일대에서 강도 7 이상의 큰 지진이 발생할 가능성도 있다고 경고합니다.

정부는 우리 원전이 어떤 사고에도 안전하다고 주장하지만 평소에도 잦은 고장과 오작동으로 멈춰 서곤 하는 현실에서 곧이곧대로 믿기 어렵습니다. 원전 운영과정의 불투명성과 부조리는 또 얼마나 심각했습니까. 1986년 체르노빌 사고가 났을 때 '그래도 우리는 안전하다'며 원전 건설을 밀어붙였던 일본은 결국 후쿠시마 사고를 당했습니다.

원전만큼 원가가 싸고 탄소 배출이 적은 에너지 대안이 없다고 말하는 사람들이 많습니다. 그러나 핵폐기물 처리, 폐원자로 해체와 보험료 사고처리 비용 등을 고려하면 원전이 결코 싸지 않다는 것과 단 한 번의 사고로 가공할 재앙을 당할 수 있음을 확인하고 '단계적 원전 탈출'을 결행하는 나라들이 늘고 있습니다. 그 중 독일은 2011년 태양광, 풍력 등 신재생에너지 비중을 전체 발전량의 20%까지 높였습니다. 신재생에너지가 국내에서 아직 충분한 경제성을 확보하진 못했지만 집중적인 지원과 에너지 절약 정책이 병행되면 점차 화석연료를 대체할 수 있음을 스웨덴, 덴마크 등도 보여주고 있습니다. 후쿠시마를 목격하고 다른 대안이 있음을 보면서도 정부가 '원전 대국'을 고집한다면, "오로지 건설 대기업 등 '원전마피아'의 이익만 대변하는 것 아니냐"는 의심을 피하기 어려울 것입니다.

뜨거운 지구와
체르노빌

지난 1986년 4월 26일 새벽, 옛 소련 체르노빌의 원자력발전소에서 대형 폭발이 일어났습니다. 설계 결함 혹은 운전 잘못 탓으로 추정된 이 사고로 엄청난 양의 방사능이 퍼져, 지금의 우크라이나 러시아 지역은 물론 벨로루시, 폴란드에서도 수많은 사람들이 희생됐습니다. 환경단체인 그린피스 등에 따르면 20만 명 이상이 백혈병, 암 등 핵 오염 합병증으로 숨지고, 사고처리 요원 등 54만 명 이상이 불구가 된 것으로 추정됐습니다. 몇 년이 지난 후에도 신체 기형과 장애, 백혈병 등을 지닌 아이들이 줄줄이 태어났습니다. 숲이 말라붙는 등 생태계 파괴도 심각했다고 합니다. 이 참사는 1979년 미국 펜실베니아의 쓰리마일 섬에서 일어난 방사능 누출사고로 예민해져 있던 각국에 '핵 발전'의 위험을 충격적으로 각인시켰습니다. 그래서 미국은 이후 단 한 기의 원자로도 추가 건설하지 않았고, 독일은 기존 원전까지 폐기하기로 하는 등 상당수 선진국이 원자력에서 등을 돌렸습니다.

그런데 '뜨거워지는 지구'에 대한 공포가 체르노빌의 기억을 밀어내기 시작했습니다. 화석연료 때문에 지구온난화의 위험이 커졌다는 공감대가 확산되면서, 상대적으로 탄소 배출이 적은 원자력이 석유의 대안으로 다시 떠오른 것입니다. 에너지 수요가 폭발적으로 늘고 있는 중국과 인도는 앞으로 10~20년간 수십 기의 원전을 건설하기로 했고, 미국과 유럽 일부에서도 핵발전을 재개해야 한다는 주장이 나와 갑론을박이 벌어졌습니다.

우리나라가 2009년 연말 아랍에미리트연합으로부터 원전 4기를 수주한 것은 이렇게 '부흥기'를 맞고 있던 시장에서 '큰 돈'을 벌 가능성을 열었다는 의미를 갖습니다. 프랑스, 미국 등의 기술로 원자력 발전을 시작한 지 30여 년 만에 세계 6번째의 원전 수출국이 됐다는 것은 우리나라 과학자, 기술자, 기업인 등의 탁월함을 보여준 쾌거라고 할 만합니다. 그런데 이 '쾌거'에 마냥 환호하기가 어려운 것은, 혹시 지구적 재앙을 일으킬 '핵 지뢰'를 줄줄이 까는 일에 우리가 앞장서는 것 아니냐는 걱정이 있기 때문입니다.

환경 전문가들은 원자력 발전을 '핵무기'와 사촌 간이라고 생각합니다. 원자력 발전에서 한 발짝만 더 나아가면 핵무기 개발로 이어질 수 있다는 것입니다. 무기용 핵 확산이 아니더라도 체르노빌과 같은 대참사의 가능성 역시 열려 있습니다. 물론 현재의 기술 수준에서 제대로 통제되는 원전은 안전하다고 합니다. 그러나 만일 뉴욕의 무역센터 빌딩이 민항기의 자살 공격을 받은 것처럼, 원전이 전쟁이나 테러의 공격 목표가 된다면 어떨까요. 어떤 나라가 정치, 경제적으로 불안정해지면서 원전 관리도 허술해져 사고가 난다면? 이런 우려에 대해 ‘걱정도 팔자’라고 일축할 수도 있을 것입니다. 그러나 9·11테러, 인도네시아 등에 닥친 쓰나미, 서브프라임 부실로 촉발된 세계 경제위기 등 ‘상상도 못했던 재앙’이 불쑥불쑥 닥쳤던 것을 돌이켜봅시다. 2011년 일본 후쿠시마의 원전 사고는 또 한 번 상상도 못했던 재앙이 현실화된 모습을 보여주었습니다.

나심 니콜라스 탈레브는 “우리가 항상 하얀 백조만 봐왔다고 해서, 검은 백조black swan가 존재하지 않을 것이라고 단정하지 말라”고 했습니다. 우리의 경험을 토대로 한 확률만 갖고 ‘어떤 일은 절대로 일어나지 않을 것’이라고 단정하지 말고, 최악의 상황에 대비하라는 얘깁니다. 한 번 사고가 터지면 100~200킬로미터 반경까지 치명적인 영향을 미치는 원전을, 반경 수백 킬로미터의 국토에 이미 21기나 가동하고 있는 우리입니다. 그런데 여기에 10~20기를 더 세운다는 게 정부의 계획입니다. 나아가 테러 가능성 때문에 건설 단계부터 ‘파병’이 거론되는 중동지역에서 대대적으로 수주 활동을 펴는 등 원전을 ‘수출 주력산업’으로 키우겠다고 합니다. ‘최악의 상황’을 걱정하지 않아도 될까요.

기후변화 전문가인 에머리 로빈스는 “화석연료에서 벗어나기 위해 원자력에 의존하는 것은 기후 재앙을 피하기 위해 머리 위에 핵폭탄을 쌓아 올리는 일”이라고 꼬집었습니다. 더구나 우리는 위험한 핵폐기물을 어떻게 처리할 것인지에 대한 복안도 아직 없습니다. 또 정부의 계획대로 원자력을 ‘수출 주력’으로 육성하기 위해 연구개발 재원 등을 몰아주다보면 '진짜 친환경'인 태양열, 풍력, 조력 등 신재생에너지 개발이 위축될 수밖에 없습니다. 지금 우리에게 급한 것은 에너지 소비를 획기적으로 줄이는 정책과 신재생에너지의 기술개발에 집중해 진정한 친환경 성장의 동력을 찾는 일입니다. 원자력이 화석연료와 신재생에너지 시대를 잇는 징검다리가 될지는 모르지만, '녹색경제'의 주역이 될 수는 없습니다.

'개념' 없는
자동차세 감면

　　　　　복잡한 네거리에 '유턴' 금지 신호가
붙어 있는데, 교통경찰이 무단 회전하는 차들을 멀뚱멀뚱 보고
만 있다면 어떻게 될까요. 혹은 경찰이 일부 차량만 선별적으로
유턴을 허용해준다면? 아마 교통신호에 대한 신뢰가 무너지면서
도로 상황도 엉망이 되고 말 것입니다. 그런데 정부가 내놓는 정
책 가운데는 교통표지판을 스스로 무시하는 경찰을 보는 것처럼
황당하고 실망스런 것이 적지 않습니다.

　　대표적인 것이 2009년 '글로벌 위기' 대처 과정에서 나온 노
후 차량 교체 지원안입니다. 약 10년 이상 된 중고차를 팔고 새
차를 사는 사람들에게 개별소비세와 취득세 등 각종 세금을 최
고 250만 원까지 할인해준 이 정책은 '저탄소 녹색 성장'이라는
정부의 깃발을 부끄럽게 만들었습니다. 기름을 많이 먹고, 이산
화탄소도 가장 많이 뿜어내는 대형차를 사는 이들에게 더 많은
혜택을 주는 내용이었기 때문입니다. 기름을 덜 쓰는 경차나 하
이브리드 차량에 대한 지원은 기존의 감세 혜택 등을 이유로 아

예 뺐다고 합니다. 에너지와 환경을 생각한다면 가급적 승용차 운행을 줄이고 대중교통 이용을 늘려야 하는데, 대형차를 중심으로 차량 증가를 촉진하는 정책을 내놓았던 것입니다.

정부는 전 세계적으로 자동차산업에 대한 지원이 이루어지고 있으니 우리도 안 할 수 없다는 논리를 내세웠습니다. 그러나 다른 나라들이 어떻게 하고 있는지 좀 자세히 들여다봤으면 좋을 뻔했습니다. 독일, 프랑스 등 유럽 국가들의 경우 '지구온난화 방지에 기여하기 위해' 경차, 하이브리드카 등 연비가 좋고 탄소 발생률이 낮은 차량을 구입하는 경우에 한해 보조금을 지급했습니다. '저탄소 녹색 성장'의 주무 부처인 지식경제부가 노후차 교체 지원안도 만들었을 텐데, 도대체 '녹색'의 개념이 있기나 했던 것일까요. 아니면 큰 차를 많이 팔아야 수지가 맞는 자동차 회사의 로비에 넘어가 모순인 줄 알면서도 눈 딱 감고 내놓은 정책일까요.

2009년 미국 최대 자동차사이트인 MSN 오토스에서 미국 내 자동차들을 대상으로 연비 실험을 했더니 GM대우와 기아 등이 만든 한국산 차량이 최악의 자동차로 도요타, 혼다 등 일본차들이 최고의 자동차로 나왔다고 합니다. 정부의 정책은 자동차 회사들로 하여금 에너지 효율이 높고 공해 배출이 적은 차량을 만들도록 유도하기도 하고, 이를 외면하게 만들기도 합니다. 분별없는 노후차 교체 지원 같은 정책은 대표적으로 한국의 자동차산업을 '망치는' 정책이 될 수 있습니다.

이명박 정부는 '녹색' 구호를 거창하게 내세우면서도 잠실

의 제2롯데월드와 상암동의 서울라이트 등 수백 미터 규모의 초
대형 빌딩을 전국에 수십 개나 건설하도록 허용했습니다. 엄청
난 에너지 소모와 교통난, 공해를 유발하는 고밀도 건축물을 우
후죽순처럼 늘리면서 '친환경적 개발'을 말하는 것은 어울리지
않습니다. 이뿐인가요. 건설산업 활성화를 내세워 그린벨트 해
제, 수도권 규제완화 등 국토의 심폐 기능을 마비시키는 조치를
급진적으로 추진했습니다. 자동차와 건설 등의 대기업들을 위해
이런 정책들을 밀어붙일 생각이라면 '녹색'이라는 구호를 아예
꺼내지 않는 것이 옳았습니다. 지켜지지 않는 유턴 신호처럼, 정
부에 대한 믿음만 무너뜨리게 될 것이기 때문입니다.

녹색 성장, 진심인가요?

이명박 대통령이 2008년 8·15기념일 경축사를 통해 '저탄소 녹색 성장'을 주창하자, 한 인터넷 신문기사에 이런 댓글이 달렸습니다.

"엠비MB식 녹색 성장은 모든 건축물과 구조물을 녹색 페인트로 도색한다는 뜻일 겁니다. 왜냐하면 적색을 많이 쓰면 색깔논쟁에 휘말릴 수 있기 때문이지요."

'안티反이명박'으로 추정되는 이 네티즌만큼 노골적으로 비틀지는 않더라도, 정부가 내세운 '녹색 성장'을 문자 그대로 믿지는 못하겠다는 사람들이 적지 않습니다. 이 대통령이 내세워온 '747' 같은 고도성장 공약과, '불도저' '대운하'로 상징되는 토목 건설주의자의 이미지가 환경을 중시하는 '녹색'과 좀처럼 어울리지 않기 때문입니다. 시민단체들이 그동안 목이 터져라 외쳐온, 그리고 유럽 국가들이 이미 실천하고 있는 '녹색 개발' 혹은

2012년 3월 전원 중단으로 멈춰 선 부산 기장군 장안읍 고리 원전 1호기 전경. 원전은 일단 사고가 나면 그 피해가 가공할 수준이다. 사망, 장애, 암 등 중증 질환, 태아의 유전자 변이 등 인체 피해가 발생하고 대기, 수질, 해수, 토양 등의 광범위한 오염이 발생한다. 그런데도 정부와 여당은 기존 원전 확대 정책을 고수하고 있다. 환경단체 등은 신재생에너지에 대한 투자를 대대적으로 확대하면서 원전 의존도를 점진적으로 줄여나가는 것이 합리적인 대안이 될 것이라고 말하고 있다. ⓒ 연합뉴스

‘지속가능한 성장’은 미래세대 몫의 환경자원을 파괴하지 않도록 ‘느린 성장’도 감수하자는 이해를 담고 있습니다. 과연 이명박 정부는 ‘녹색’의 의미를 제대로 알고 구호로 내세운 것일까요.

뒤이어 나온 정부의 이런저런 정책과 설명들을 종합해보면, 불행히도 그런 것 같지가 않습니다. 대표적인 것이 2008년 8월 27일 발표된 국가에너지기본계획입니다. 이 계획을 한마디로 요약하면 ‘이산화탄소를 많이 발생시키는 석유에 대한 의존을 줄이는 대신 탄소 발생이 없는 원자력을 대안으로 삼겠다’는 것입니다. 이 대목에서 많은 사람들이 “그러면 그렇지” 하고 실망의 한숨을 길게 내쉬었습니다. 발전 과정에서 이산화탄소를 발생시키지 않는다고 해서 원자력을 ‘녹색 에너지’라고 보는 환경 전문가는 없습니다. 환경운동연합에 따르면 핵 발전을 위한 우라늄 채굴, 정련, 해체 등 전 과정을 따져볼 때 원자력의 이산화탄소 배출량도 결코 만만치 않습니다. 그래서 지구온난화 대책을 논의한 기후변화협약 당사국 총회는 핵 발전을 청정 에너지원으로 인정하지 않았습니다. 2007년 12월 인도네시아 발리 총회에서 일본이 핵 발전 확대를 기후변화 대책으로 내놓았다가 다른 참가국들에게 비웃음을 샀다는 얘기도 있습니다.

무엇보다 심각한 쟁점은 핵 발전의 안전성입니다. 지난 1979년 미국 펜실베니아 주의 쓰리마일 아일랜드 원전에서 방사성 물질 누출 사고가 터진 뒤 미국에서는 원전 건설 계획이 모두 취소되었고, 이후 30여 년간 단 한 기의 원전도 건설되지 않았습니다. 이어 전 세계를 경악하게 한 1986년의 우크라이나 체르노빌 원전 사고는 유럽 국가들로 하여금 '이미 지어놓은 원전도 가급적 빨리 폐쇄하자'는 쪽으로 정책 방향을 굳히게 만들었습니다. 정부는 마치 고유가 대책으로 많은 나라들이 원전을 다시 세우고 있는 것처럼 말하는데, 지금 원전 건설이 활발히 추진되고 있는 곳은 중국, 러시아 등 국민 여론을 무시하고 건설을 강행할 수 있는 구 사회주의 국가들이 대부분입니다. 그런데도 우리는 원전을 줄줄이 더 짓고, 이를 수출산업으로 적극 육성하겠다는 구상입니다. 수십조 원 규모의 공사가 생기니 건설 회사들이야 대환영이겠지만, 국민의 불안은 어쩌겠다는 것입니까.

이명박 정부의 '녹색 성장' 구상이 '짝퉁'처럼 보이는 또 하나의 이유는 우리의 전반적인 에너지 과소비 구조를 어떻게 바꿔갈 것인지에 대한 계획이 담겨 있지 않다는 것입니다. 유럽 각국이 추진해온 '에너지 혁명'을 살펴보면, 공급은 물론 수요 자체를 변화시킬 수 있는 정교한 대책이 있어야 '녹색 성장'을 기대할 수 있음을 알 수 있습니다. 에너지를 쓰는 기업과 가계 등은 철저히 소비 절약을 추구하고, 공급되는 에너지원은 태양열, 풍력, 지열 등 신재생에너지로 전환한다는 두 개의 축이 유럽 에너지 혁명의 골자라고 할 수 있습니다. 한겨레신문이 2008년 보도한 독일의 대표적인 에너지 절약 마을 '보봉'의 예를 봅시다. 이 동네의 전형적인 4인 가정 연간 에너지 소비량은 한국 가정의 4분의 1에 불과합니다. 또 이산화탄소 배출량은 한국 가정의 10분의 1입니다. 가전제품 쓸 것 다 쓰고 사는 독일 가정이 이렇게 높은 에너지 효율을 자랑하는 것은 건축 단계부터 단열을 철저하게 한 주택구조와 절전형 가전제품 등 산업 전반이 철저한 '에너지 저소비형'으로 구조화되어 있기 때문이라고 합니다. 이것은 결코 저절로 만들어진 것이 아닙니다. 정부가 인센티브와 규제 등 '당근과 채찍'을 통해 유도한 것입니다. 여기에, 쓰지 않는 가전제품의 플러그는 반드시 빼놓는 등 에너지 절약이 몸에 밴 독일인 개개인의 실천도 중요한 요소가 되고 있습니다.

독일이 신재생에너지 분야에서 많은 고용을 창출하면서 신성장 동력을 확보하게 된 것도 개별 가정에서 태양열 집전판을 통해 생산한 전력을 정부가 비싼 값에 사주는 등 이 분야의 기술 개발과 생산, 활용을 적극 촉진한 정책 덕분이었습니다. 스웨덴도 자전거 전용도로 확충, 폐기물 에너지 활용 등 수요와 공급 양쪽의 노력을 통해 국가 에너지의 석유 의존도를 77%에서 30%로 낮추는 데 성공했습니다. 이런 나라들에 비하면 우리는 정부도, 기업도, 국민도 에너지 절약에 대한 인식과 실천의지가 모두 박약하기 짝이 없습니다. '녹색 성장'이 진짜가 되려면 우리의 '에너지 과소비 마인드'를 총체적으로 변화시킬 수 있는 획기적인 정책들이 나와야 합니다. '그린 카'니 '그린 주택'이니 해서 자동차와 건설업계를 지원하는 몇 가지 생색용 신재생에너지 정책과 원전 건설이 전부인 이명박 정부의 녹색 성장 구상은 그래서 '짝퉁'이라는 비난을 면하기 어렵습니다. 언젠가 '엠비식 녹색 성장이란 콘크리트 건물에 녹색 칠을 하는 방식의 눈속임 전략'이라는 '신조어 설명'이 인터넷 사전에 굳어질지도 모를 일입니다.

기름값과 녹색경제

　　　　　　세계에서 기름을 가장 많이 쓰는 사
람들을 꼽자면 단연 미국인들일 것입니다. 땅덩어리가 워낙 넓
은데다 교외의 주택에서 도시로 차를 몰고 출퇴근하는 사람들이
많아 일단 이동거리가 길죠. 또 비좁은 공간을 의식해야 하는 유
럽이나 일본인들과 달리 미국인들은 거리낌 없이 덩치 큰 차를
탑니다. 에너지학자인 바츨라프 스밀은 "평균 3대의 자가용에 보
트 혹은 레크리에이션차량RV, 정원용 낙엽소제기와 수영장용 온
수기 등을 쓰는 미국 상류층은 건장한 노예 6,000명을 거느렸던
로마제국의 장원주와 맞먹는 동력을 쓰는 셈"이라고 꼬집었습니
다. 이런 '에너지 사치'를 부추긴 요인 중 하나는 우리나라의 절
반밖에 안 되는 싼 기름값입니다.

　　그런데 2007년 이후 가속도가 붙은 국제유가 상승세가 미국
인들의 이런 기름 낭비에 제동을 걸었습니다. 휘발유값이 2년여
만에 배 이상 치솟자, 기름을 많이 먹는 스포츠레저용차량SUV 대
신 소형차나 지하철 등을 이용하는 인구가 늘어난 것입니다. 출

퇴근 경비부담을 생각해서 주5일 근무를 4일로 줄이는 공공기관과 기업들도 속속 등장했습니다. 연비가 낮은 대형차를 많이 만드는 제너럴모터스 등 미국 자동차 업체들은 판매 부진으로 주가가 폭락하고 도산설에 휩싸이기도 했습니다. 분위기가 이렇게 되자, '기름을 아끼자' '신재생에너지 개발을 서두르자' '석유 의존을 낮춰 지구온난화에 대비하자'는 운동이 점점 힘을 얻었습니다.

국제 원유가격의 가파른 오름세가 좀 더 지속된다면 이런 운동이 미국의 에너지 소비구조를 근본적으로 변화시키게 될지도 모릅니다. 그러나 2008년 한때 배럴당 147달러까지 올랐던 서부텍사스산원유WTI가 몇 달 만에 115달러까지 떨어지는 등 유가가 내림세로 돌아서면서 상황은 달라졌습니다. 긴장감이 슬슬 풀리기 시작했습니다. 앞으로 기름값이 더 하락한다면, 미국인들은 싼 기름을 물 쓰듯 했던 과거로 다시 돌아갈 가능성이 높습니다. 석유를 더 많이 확보하기 위해 이라크전도 불사했던 미국 정부의 호전적 에너지 정책도 유지될 것입니다. 지난 1970년대 두 번의 오일쇼크가 있었을 때도 비슷한 일이 있었다고 합니다. 오일쇼크에 놀란 미국인들이 '대체 에너지 개발'의 목소리를 반짝 높이다가 원유값이 안정되자 곧 '옛날'로 돌아갔다는 것이죠.

반면 유럽 국가들은 달랐습니다. 유럽은 두 번의 유가 급등 충격을 겪은 후 '석유 의존형 경제'에 대해 반성했습니다. 언젠가는 고갈될 석유에 기대다가는 또 따른 위기를 피할 수 없다고 판단했습니다. 그래서 태양열, 풍력, 수력, 지열 등의 재생에너지와 수소연료전지 같은 신에너지 개발에 체계적으로 투자했습니다. 특히 석유 등 화석연료를 태우는 과정에서 나오는 탄소가 지구 온난화의 주범임을 깨닫고, 탄소 배출을 줄이는 노력에 박차를 가했습니다. 선진국들이 탄소 감축 목표를 정하고 이를 지키도록 의무화한 '교토의정서'는 유럽이 이끈 지구적 협력의 한 예입니다.

그 결실도 상당합니다. 스웨덴은 77%에 이르렀던 석유의존도를 신재생에너지 개발을 통해 30%까지 낮췄다고 합니다. 독일은 태양열 발전 등 신기술 에너지 분야의 신규 고용이 자동차산업보다 많을 정도로 활기찬 성장 기회를 만들어내고 있습니다. '조금 불편하더라도 카풀을 하고, 자전거를 타자'는 식의 시민 참여가 유럽에 확산되면서 쾌적하게 변모하는 도시가 늘고 있습니다.

우리는 어떻습니까. 우리 경제도 여러 차례의 유가 급등으로 모진 시련을 겪었고, 대체 에너지 개발 논의도 무성했습니다. 그러나 거의 모든 에너지를 수입 화석연료에 의존하는 현실에 이렇다 할 변화는 없습니다.

유럽과 미국의 상반된 경험과 우리 자신의 실패를 통해서도 배우는 것이 없다면 우리는 정말 어리석은 나라가 되고 말 것입니다. 환경과 성장이 조화되는 '그린 이코노미'는 그럴싸한 구호가 아니라 우리의 실질적인 미래가 되어야 합니다. 개발경제 시대의 틀을 벗어난 새로운 리더십, 그리고 약간의 불편은 감수하겠다는 시민들의 '통 큰' 참여가 있을 때, 진정한 '녹색경제'가 현실화될 수 있을 것입니다.

5부

식탁의 평화마저 위협받는 세상

식량 위기의 시대

　　　　　　　한때 쌀이 남아돈다며 쌀 생산을 줄이는 정책을 추진했던 우리 정부가 2012년 들어 증산 정책, 즉 쌀 생산을 늘리는 방향으로 돌아섰습니다. 우리 정부는 그동안 농산물 시장을 개방하면서도 쌀시장은 최대한 보호했기 때문에 쌀은 대개 100% 내외의 자급률을 유지했고, 어떤 해에는 생산량이 너무 많아 가격 폭락을 걱정하기도 했습니다. 그런데 지난 2010년 기상재해로 작황이 좋지 않아 쌀 자급률이 83%로 떨어진 데 이어 2011년과 2012년에도 태풍 피해 등의 영향으로 작황이 좋지 않고 재배 면적도 줄어 쌀 생산량이 연간 수요량에 못 미칠 것이란 전망이 나왔습니다. 2012년의 경우 32년 만에 생산량이 최저가 될 것이란 분석도 있었습니다. 물론 정부가 수매해 둔 재고미와 수입쌀로 수요를 충족하는 데는 문제가 없겠지만, 이대로 가면 구조적으로 쌀 자급에 문제가 생길 수도 있겠다는 우려도 커졌습니다. 그래서 농수산식품부가 '쌀이 과잉 공급되고 쌀 소비는 줄어든다'며 감산 정책을 추진하던 기조에서 앞으로는 증산으로 전환하겠다는 방침을 내놓게 된 것입니다.

정부는 쌀농사를 줄이고 다른 작물 재배를 촉진하기 위해 2011년부터 '논 소득기반 다양화 사업'이란 걸 추진해왔는데, 앞으로 이 사업을 대폭 축소하거나 폐지할 방침이라고 밝혔습니다. 논 소득기반 다양화 사업은 쌀의 과잉 공급을 막기 위해서 매년 4만 헥타아르ha의 논에 콩이나 조 등 벼 이외의 작목을 재배하도록 하고, 쌀농사와의 소득 차이를 보전하기 위해 ha당 300만 원을 지원해주는 정책입니다. 이 정책으로 상당수 농가가 쌀 대신 콩, 조 등의 잡곡 농사로 실제 전환했습니다. 정부는 그러나 앞으로는 쌀 증산을 위해 이 제도를 대폭 줄이거나 없애는 대신 쌀농사를 짓는 농가에 소득 보전을 위해 지원하는 고정직불금을 ha당 70만 원에서 90만 원 정도로 인상하는 안을 추진하기로 했습니다.

우리나라는 곡물 중 쌀만 거의 자급이 되고, 나머지는 거의 수입에 의존하고 있는 형편입니다. 특히 외식산업과 가공식품원료, 사료 등으로 광범위하게 소비되는 밀, 콩, 옥수수 등은 거의 다 외국에서 사다먹고 있습니다. 이 때문에 우리나라의 식량자급률은 40~50% 정도, 사료를 포함한 곡물자급률은 지난 2010년 기준 26.7%로 OECD 국가 중 최하위권을 기록하고 있습니다. 곡물자급률은 2012년에 22% 수준으로 더 떨어졌다고 합니다. 주식인 쌀의 자급률이 높기 때문에 당장 국민들이 먹는 문제에 위기를 느끼진 않지만 곡물자급률이 낮다보니 국제시장에서 밀, 옥수수, 콩 등의 가격이 오르면 사료를 수입해 쓰는 축산농가

나 수입 곡물에 의존하는 식품업계의 재료비가 오르면서 축산농가가 망하거나 물가 불안이 광범위하게 확산되는 게 우리의 현실입니다.

최근 들어 가뭄과 홍수 등 자연재해의 영향으로 주기적인 식량위기가 나타나면서 세계적으로 애그플레이션agflation(농산물 가격이 주도하는 물가 상승)과 정치사회적 위기에 시달리는 나라들이 많습니다. 미국, 유럽, 호주 등 선진국들은 대부분 식량을 많이 생산하고 수출하기 때문에 큰 타격이 없지만 우리나라를 포함해서 곡물을 수입하는 나라들은 식량 공급 불안, 물가 불안 등의 직접적인 피해를 입습니다. 특히 지난 2010년 말과 2011년 초 튀니지, 예멘, 이집트 등에서 일어났던 '재스민 혁명' 등 민중 봉기도 식량난과 관련이 있습니다. 곡물 작황 부진과 일부 국가의 곡물 수출 통제 때문에 식량가격이 폭등하면서, 식량 수입국인 이들 나라의 저소득층이 생계를 유지하기 어렵게 된 것이죠. 이것이 그동안 쌓여온 정치적 불만을 한꺼번에 터뜨리는 데 영향을 미쳤습니다. 2012년에도 미국의 가뭄 등으로 세계적인 곡물 작황이 나빠 상당한 우려가 있었습니다.

과학기술이 발전하면 농업생산성도 높아지는 게 자연스러울 텐데, 갈수록 전 세계가 식량 부족을 더 걱정하게 되는 이유가 뭘까요. 여러 가지 구조적인 이유가 있습니다. 우선 수요 측면에서 보면 세계적으로 인구가 꾸준히 증가하고 있고, 특히 중국과 인도 같은 인구 대국들의 경제 수준이 높아지면서 육류 소비가 급격히 늘어나고 있다는 문제가 있습니다. 쇠고기 1킬로그램을 생산하려면 사료 곡물 8킬로그램 정도가 필요하다고 합니다. 그러니 인구 대국의 생활수준이 높아져 육류 소비가 늘면 그만큼 폭발적으로 곡물 수요가 증가하는데, 공급이 이를 못 따라가는 것입니다. 공급 측면에서 보면 지구온난화 영향 등으로 갈수록 기상이변이 자주 발생해 가뭄과 홍수 등으로 농사를 망치는 경우가 늘어나고 있습니다. 2012년에도 각국에 기상이변이 속출해서 식량 공급에 타격을 주었습니다. 또 하나는 바이오연료인데, 석유를 대체할 바이오연료 생산 붐이 일면서 미국, 브라질 등이 앞 다투어 옥수수, 콩 등으로 자동차연료를 생산하고 있습니다. 그만큼 식량 생산을 위한 경작지가 줄고, 사람이 먹을 곡식이 줄어드는 부작용이 커지고 있는 것입니다. 여기에 '식량 메이저'로 불리는 선진국의 초대형 농산물 유통기업과 금융자본이 곡물 투기에 나서면서 국제시장에서 곡물가격의 변동을 더욱 증폭시키고 있습니다. 자유무역협정 등 시장 개방으로 개발도상국들의 농업이 무너지고, 도시화 개발로 경작지가 점점 더 줄어드는 상황도 세계적인 식량위기를 가속화하는 요인으로 꼽힙니다.

이렇게 전 세계적인 식량 부족으로 식량안보에 대한 걱정이 커지고 있는데, 우리나라의 경우 한미, 한EU FTA가 발효한 데이어 한중 FTA까지 추진되고 있습니다. 이렇게 농업 개방이 가속화하면 식량자급률을 높이는 일이 더 어려워질 가능성이 높습니다. 우리가 자유무역협정을 맺은 미국과 유럽은 대표적인 농업 선진국입니다. 엄청난 농업보조금을 통해 국가적으로 농업을 지원하고, 곡물과 축산물 등을 수출하고 있는 나라들입니다. 가격경쟁력으로 따질 때 우리와 상대가 되지 않습니다. 이런 나라들과 FTA를 하게 됐으니 우리 농업이 타격을 받는 것은 불가피합니다. 또 지금 우리 정부가 FTA협상을 추진하고 있는 중국의 경우 싼 값의 중국 농산물이 이미 우리 식탁을 점령하고 있는 상황에서 FTA가 체결되면 저가의 농산물 유입이 더욱 늘어나 우리 농촌이 초토화될 것이라는 우려도 있습니다. 이런 걱정이 괜하지 않은 것이, 미국과 북미자유협정NAFTA을 맺은 멕시코의 경우 미국산 옥수수가 밀려들어오면서 멕시코 농촌이 무너지고, 지금은 주식인 옥수수를 수입에 의존하게 됐습니다. 그러다 옥수수 가격이 급등하니까 멕시코 빈민들이 폭동을 일으키는 사태까지 빚어졌습니다. 우리도 FTA로부터 어떻게 농업과 농촌을 지킬 것인가에 대해 비상한 관심을 기울이고 적극적인 대책을 추진해야 합니다.

우리나라 주류 경제학자와 관료들 중에는 '경쟁력이 낮은 농업은 포기하고, 수출로 돈을 많이 벌어서 식량은 사다먹으면 된다'고 생각했던 사람들이 꽤 있습니다. 그런 맥락에서 FTA 등 시장 개방도 밀어붙인 측면이 있고요. 그러나 지금은 세계적인 식량난과 물가 불안, 식량으로 인해 일어나는 분쟁과 정치사회 불안을 우리가 생생하게 목격하고 있는 상황입니다. 우리가 식량을 어느 정도 자급하지 못하면 세계적 식량난의 와중에서 돈이 있어도 사먹을 수가 없거나, 너무 비싸서 사먹기 힘든 상황이 올 수도 있다는 것을 인정해야 합니다. 이제는 정부 차원에서 '식량 자급률 높이기'에 분명한 정책 목표를 두고, 우리 농업과 농촌을 지키고 발전시키는 적극적인 정책을 추진해야 합니다. 특히 도시화 개발의 와중에서 지난 11년간 국내 농지가 계속 감소했고 농촌 인구가 줄면서 휴경농지도 늘었는데, 식량자급기반을 지키기 위해서는 농지를 일정 수준 확보하고 유지하기 위한 정책이 필요합니다. 또 FTA 등의 여파로 농촌이 무너지지 않도록 앞으로는 농업 개방을 최소화하고 농업 경쟁력을 높이기 위한 노력을 적극 지원해야 합니다. 농민과 소비자가 다 손해보고 있는 불합리한 농산물유통구조를 개혁하는 것, 지역 농산물을 우선 소비하는 '로컬푸드' 운동을 통해 농업과 소비자 건강을 함께 지키는 것, 도시농업과 귀농 지원을 통해 도시와 농촌의 연계를 활성화하면서 일자리 창출과 고부가가치 농업 육성을 도모하는 것 등 다양한 대안이 촘촘하게 추진되어야 할 것입니다.

사실 우리가 하기에 따라 농업은 얼마든지 미래의 성장 동력이 될 수 있습니다. 네덜란드의 화훼농가, 덴마크의 낙농가처럼 고부가가치 전문화도 가능하고 생명공학, 의약학이 접목된 바이오농업의 발전도 추구할 수 있으며 역사와 자연, 농산물, 전통문화를 결합한 매력적인 관광상품도 개발할 수 있습니다. 중요한 것은 '포기하고 떠나가는 농촌'이 아니라 '희망을 갖고 찾아오는 농촌'이 될 수 있도록 체계적이고 지속적인 정책을 추진하는 것입니다. 농촌의 낙후된 의료와 교육, 문화 여건을 개선해서 젊은 이도, 도시 출신의 은퇴자도 망설임 없이 농업을 선택하게 할 필요가 있습니다. 우리의 식량안보를 확보하고, 식탁의 안전을 지키며, 자연환경과 전통문화를 보전하면서 새로운 성장 동력도

확보할 수 있도록 농업과 농촌에 대한 진취적이고도 창의적인
접근이 필요한 때입니다.

동시다발 FTA,
농업은 어쩌라고

　　　　　　　　　　　현지 시간으로 2012년 6월 25일, 한
국과 콜롬비아 간에 자유무역협정이 최종 타결됐습니다. 우리나
라가 맺은 10번째 자유무역협정입니다. 남미 국가 가운데는 칠
레, 페루에 이어 세 번째입니다. 남미는 지리적으로 우리나라에
서 가장 먼 곳인데, 천연자원이 풍부한 남미 지역과의 경제협력
을 가속화한다는 의미가 있습니다. 콜롬비아는 인구 4,600만 명
의 중남미 3위 규모 시장입니다. 우리나라는 승용차, 자동차부품,
합성수지 등 공산품을 주로 수출하고 커피, 원유, 합금철 등을 수
입합니다. 이번 FTA로 콜롬비아에 수출하는 승용차 관세 35%
가 10년 안에 모두 철폐되고 자동차부품의 5~15% 관세도 최장
5년 안에, 섬유류의 15~20% 관세는 7년 안에 모두 없어집니다.
수입품의 경우 커피류는 즉시 혹은 3년 안에 2~8%인 관세가 없
어지고, 화훼는 3~7년 안에 25%의 관세 철폐, 쇠고기는 19년 안
에 40%의 관세가 단계적으로 철폐됩니다. 따라서 우리나라의
자동차와 자동차부품 업계는 이번 FTA의 덕을 보고, 축산농가

와 화훼농가 등 농업 분야는 피해를 입을 가능성이 있습니다. 소비자들의 경우 콜롬비아산 커피가격이 하락하는 등 일부 상품의 가격 인하 효과를 기대할 수 있겠습니다.

우리나라는 유럽, 미국 등 주요국들과 이미 FTA를 시행하고 있습니다. 지금쯤 기존 FTA의 성과를 한 번 살펴보는 것도 의미가 있을 것입니다. 한EU FTA는 2011년 7월 발효했는데, 당초 수출이 크게 늘어나 무역 흑자가 증가하고 경제 성장과 일자리 창출에 기여하리라던 정부의 홍보와는 달리 오히려 이 지역으로의 수출이 12%가량 줄고, 기대했던 경제 성장 기여 효과는 찾아보기 어렵습니다. 유럽 지역이 재정위기로 크게 홍역을 치르고 있는 탓이 크긴 하지만 결과적으로 실망스러운 FTA 효과라고 할 수밖에 없습니다. 한미 FTA의 경우 2012년 3월 15일 발효됐는데, 단기적으로 자동차부품과 석유제품 중심으로 대미 수출이 약간 늘긴 했지만 당초 기대했던 성장과 일자리 창출 기여 효과는 뚜렷하지 않습니다. 가장 먼저 발효된 한·칠레 FTA도 칠레에서 수입되는 물량의 증가가 우리가 수출하는 물량의 증가보다 훨씬 커 무역 적자 폭이 크게 늘어났습니다. 종합하면 당초 정부가 강조했던 '경제 영토의 확장'에 따른 '수출 증가' '일자리 창출' 효과는 미미하거나 실망스런 수준이라고 하겠습니다.

소비자들의 혜택은 어떨까요. 미국에서 들어오는 오렌지, 체리 등 일부 농산물의 가격이 떨어지는 등 부분적인 가격 하락이 있기는 했지만 전체적으로 볼 때 물가 안정 효과는 미미한 것으로 분석됐습니다. 특히 유럽산 와인과 명품 소비재, 전자제품 중

2011년 7월 12일 서울 여의도공원에서 열린 전국 축산인 총궐기대회에서 농민들이 한·미 자유무역협정 (FTA) 체결을 반대하며 '소 영정'을 들고 시위를 벌이고 있다. ⓒ 경향신문

에는 오히려 가격이 상승한 제품도 있는데, 이는 수입상 등 유통
업체가 관세 인하 부분을 판매 이윤으로 흡수해버리고 마케팅
전략 차원에서 가격을 오히려 올린 경우도 있었기 때문입니다.
이 때문에 공정거래위원회가 나서서 FTA 관세 인하 품목의 가격
을 점검하는 소동까지 벌였는데, 전반적으로 볼 때 소비자들은
아직 FTA에 따른 수입 물가 하락을 크게 체감하지 못하고 있는
상태입니다.

우리나라는 멕시코와 더불어 세계에서 가장 활발하게 FTA
를 추진하는 나라입니다. 2012년 6월 현재 이미 발효된 FTA가 8
건, 45개국인데 이들 나라의 인구를 합하면 26억 5,000만 명, 국
내총생산 규모는 37조 2,000억 달러에 이릅니다. 또 협상이 타결
된 나라가 터키, 콜롬비아 등 2개국으로, 발효됐거나 타결된 FTA
상대국을 모두 합하면 총 47개국입니다. 정부는 여기에 추가적
으로 중국, 멕시코, 캐나다, 호주, 베트남, 인도네시아 등 7건 12
개 나라와 동시다발적으로 FTA를 추진하고 있습니다.

이렇게 여러 나라와 FTA를 맺으면 스파게티 그릇의 국수 가
락이 얽히듯이 서로 다른 협정 내용이 복잡하게 얽혀 국가와 기
업의 관리비용이 크게 늘어나는 '스파게티 볼 효과'가 생길 수 있
다고 경제학자들은 우려합니다. 기업들이 FTA체제에서 수출입
을 하기 위해서는 원산지 증명 등 복잡한 서류 작업을 해야 하는
데, FTA가 양자 간 협상이다보니 나라마다 조건이 다 다른 것입
니다. 그래서 기업들은 각각 다른 원산지 규정과 서류 발급 방식
등에 맞추느라 힘들어하고, 특히 전문 인력이 부족한 중소기업

들은 FTA의 관세 인하 혜택을 제대로 누리지 못하고 있다고 합니다. 여러 FTA로 기업과 행정부의 관리비용이 증가하는 '스파게티 볼 효과'가 이미 나타나고 있는 셈이죠. 이와 함께 투자자국가소송ISD 등 FTA에 들어간 독소조항으로 강대국과의 관계에서 국가경제 정책이 휘둘릴 가능성도 가시화하고 있습니다. 론스타가 외환은행 매각 건과 관련해 우리 정부를 대상으로 투자자국가소송을 제기한 것에서 볼 수 있듯이, 외국인 투자자의 위협이 앞으로 복지를 확대하고 경제민주화를 추진하는 정부 정책의 발목을 잡을 가능성이 충분해 보입니다.

한미, 한EU FTA로 가장 큰 피해를 입을 것이 우려되는 분야가 농업인데, 한중 FTA가 성사되면 이보다 훨씬 큰 농업 피해가 불가피하다는 지적도 있습니다. 유럽과 미국은 제조업과 서비스업 강국이면서 동시에 농업 강국입니다. 이들 나라와 FTA를 맺으면서 한EU FTA의 경우 연간 수천억 원 단위, 한미 FTA의 경우 거의 조 단위의 농업 피해가 전망되고 있는 상황입니다. 그런데 한중 FTA의 경우 중국의 농산물 구성이 우리와 비슷하고 가격이 워낙 싸기 때문에 한미 FTA의 몇 배에 이르는 연간 수조 원의 농업 피해가 불가피할 것이라는 관측이 나오고 있습니다. 그래서 일부 농민들은 '한중 FTA까지 하면 우리는 다 망할 수밖에 없다'는 반응을 보이고 있습니다. 정부도 이런 위험성을 알기 때문에 한중 FTA에서 농산물시장을 최대한 보호하겠다는 입장입니다. 그러나 우리가 투자와 서비스, 지적재산권 등의 분야에서 중국에게 원하는 것을 얻어내려면 농산물에서 어느 정도 양보를 안 할 수가 없기 때문에 농업 피해는 불가피한 수순이라고 할 수 있을 것입니다. 곡물자급률이 27%밖에 안 되는 우리나라에서 FTA 피해로 농업이 무너지면 식량안보가 흔들릴 위험이 크다는 것을 당국이 고려하고 있는지 걱정입니다.

우리는 이미 멕시코와 더불어 세계에서 가장 많은 FTA를 맺은 나라입니다. 기존 FTA의 성과가 크지 않고, 부작용이 눈에 보이는 상황에서 추가적으로 FTA를 늘리는 것은 결코 바람직하지 않습니다. 지금은 기존 FTA의 성과와 문제점을 냉정하고 꼼꼼하게 점검해서 부작용에 대한 대책을 서둘러야 할 때입니다. 이미 시작한 한중 FTA 협상 등은 분야별 예상 이익과 피해를 철저히 따져서 취약 분야인 농업 등을 최대한 보호하는 방향으로 시간을 오래 두고 신중하게 추진해야 할 것입니다. 그사이에 농업 등 취약 산업은 적극적인 경쟁력 강화 지원이 있어야 합니다. 또 한미 FTA의 투자자국가소송제나 역진방지조항(래칫), 즉 한 번 개방하면 다시는 되돌릴 수 없도록 한 규정 등 우리의 정책 주권을 침해할 수 있는 독소조항들은 폐기하거나 대폭 수정하는 방향으로 추가 협상을 벌여야 할 것입니다.

시장 개방에 임하는
우리의 자세

결혼은 좋은 것인가, 나쁜 것인가. 사실 이런 질문은 공허합니다. '어떤 결혼'인가에 따라 답이 달라질 수 있기 때문입니다. 사랑하는 사람끼리 아껴주고 양보하며 기쁨과 슬픔을 나눌 수 있다면 혼자 사는 것보다 훨씬 풍요로운 삶이 될 것입니다. 반면 둘 중 하나라도 지나치게 이기적이고, 신의 없이 행동한다면 후회만 남는 선택이 될지도 모릅니다.

지금 우리 사회에서 쟁점이 되고 있는 FTA도 이와 비슷합니다. 둘 이상의 나라가 관세 등 무역 장벽을 낮추고 서로의 시장을 더 열어주는 FTA는 그 자체로 절대적인 선도 악도 아닙니다. 어떤 조건으로 FTA를 맺었는가에 따라 경제와 국민 생활에 미치는 영향이 천차만별이기 때문입니다. 그런데도 우리 정부는 'FTA 체결' 자체를 지고지선의 목표로 생각하고 속도전을 벌이는 듯한 모습을 보여왔습니다. 그 결과가 얼마나 치명적일 수 있는지에 대해서는 아랑곳없이 말입니다.

이명박 정부가 한미 FTA를 서둘러 체결하기 위해 미국 측의

'4대 선결조건'을 받아주는 과정에서 광우병 쇠고기 파동이 빚어진 것은 널리 알려진 사실입니다. 또 최종 타결 내용을 보면 자동차, 전자 등 일부 업종에서 우리 기업들에게 약간의 이익이 기대되지만 농업과 의약품 등에서 큰 피해가 예상돼 전체적으로 득이 된다고 보기 어렵습니다. 특히 투자자국가소송제를 받아들여 우리나라 공공 정책에 대해 미국 투자자들이 시비를 걸고 손해배상을 요구할 수 있도록 길을 터준 것은 대표적인 독소조항으로 꼽힙니다. 우리나라 수출기업들의 가장 큰 관심사였던 미국의 반덤핑관세 폐지 혹은 완화는 받아들여지지 않았습니다. 그럼에도 정부 여당은 '부자 사돈 덕에 당장 팔자가 펼 것처럼' 한미 FTA의 국회 비준을 밀어붙였습니다.

정부의 'FTA 드라이브'는 여기서 그치지 않습니다. 세계 각국과의 동시다발 성사를 목표로 한 EU FTA 등 여러 건의 협상을 추진했습니다. EU와의 FTA에서는 의약품의 특허와 허가를 연계하는 바람에 우리나라 제약업계가 복제약을 만들기 어렵게 되고, 결과적으로 환자들의 약값 부담이 커지도록 하는 조항이 '한미 FTA보다 더 불리한 내용으로' 들어갔다고 해당 업계에서는 지적합니다. 또 우리가 먼저 미국산 쇠고기를 받아주는 바람에 '광우병의 원조'인 유럽산 쇠고기 수입도 허용하라는 압력을 받기도 했습니다.

FTA를 통해 시장을 넓힌다는 것은 경쟁력이 있는 기업들에게는 더 많은 돈벌이의 기회를, 경쟁력이 낮은 기업들에게는 망할 가능성이 커지는 것을 의미합니다. 우리보다 여러모로 앞서 있는 미국, 유럽과 FTA를 체결하면서 제대로 된 보호 장치도 확보하지 못했을 때, 누구에게 손실이 집중될지는 뻔하지 않습니까. 그런데도 우리 정부는 일부 수출 대기업들이 얻을 이익을 강조하면서 취약 산업과 국민경제가 감당해야 할 손실에는 입을 다물고 있습니다. 또 선진국 정부들이 자국민들과 협상 내용을 공유하는 것과 달리, 우리 정부는 국회에조차 제대로 보고하지 않는 비밀주의를 고수했습니다.

도도한 세계화의 흐름 속에 우리처럼 수출에 많이 의존하는 나라가 빗장을 걸고 버티기는 어렵습니다. 그러나 '어떤 개방인가'에 대해서는 고민하면서 문을 열어야 합니다. 시간이 걸리더라도 국민 전체에 돌아가는 이익의 합이 가장 큰 방법을 선택해야 하며, 그 과정에 이해당사자의 의견이 반영될 수 있도록 민주적 절차를 밟아야 합니다. 그리고 개방의 희생자가 될 수밖에 없는 계층에 개방의 과실이 나누어질 수 있도록 사회 통합적인 대안을 마련해야 합니다.

미국 소 광우병
걱정 끝났나

2012년 4월 미국에서 네 번째로 광우병 소가 발견돼 파문이 일었습니다. 정부는 이번에 발견된 광우병 소와 국내에 수입되는 쇠고기는 상관이 없다는 입장이었지만, 일부 시민단체와 야당 등에서는 당장 미국산 쇠고기 수입을 중단해야 한다고 요구했습니다.

정부는 당시 발견된 광우병 소가 10년 7개월 된 나이 많은 젖소이고, 발견된 광우병의 유형도 동물성 사료가 원인이 아닌, 돌연변이 등에 의한 '비정형' 광우병이라서 우리나라의 식품안전을 위협할 가능성이 없다고 설명했습니다. 즉, 우리나라에서는 30개월 미만의 미국산 쇠고기만 수입하고 젖소는 수입하지 않고 있으며, 비정형 광우병은 사료에 의한 정형 광우병과 달리 확산 가능성이 낮기 때문에 미국 쇠고기 전체를 의심할 필요가 없다고 해명했습니다. 반면 야당과 시민단체 등을 대변하는 전문가들은 도축되는 소의 약 0.1%만을 검사하는 미국의 광우병 관리체계에서 광우병이 추가 발견됐으면 당연히 미국산 쇠고기 전체에 대해 경각심을 가져야 한다고 주장했습니다. 따라서 지난 2008년 정부가 국민들에게 약속했듯이 일단 수입 중단 조처를 취하고, 미국과의 재협상을 통해 국민의 건강과 안전을 보장할 수 있는 내용으로 미국산 쇠고기 수입 조건을 강화해야 한다고 요구했습니다.

우선 가장 큰 논란이 된 것이 지난 2008년 5월 정부가 신문광고와 국회 답변 등을 통해서 '미국에서 광우병이 발생하면 즉각 수입 중단 조처를 취하겠다'고 한 부분인데, 정부는 이런 약속을 해놓고도 2012년 4월에 수입 중단 조치를 하지 않았습니다. 정부는 지난 2008년 4월 미국과의 협상을 통해서 미국산 쇠고기를 연령과 부위 제한 없이 모두 수입할 수 있도록 하고, 광우병이 재발해도 우리 정부가 수입 중단 조치를 취할 수 없도록 하는 내용으로 수입위생조건을 변경한 일이 있습니다. 이 때문에 '국민의 건강권을 저버리고 검역 주권을 포기했다'며 촛불시위가 거세게 일어났던 것이죠. 그러자 정부는 미국과의 재협상을 통해 잠정적으로 '30개월 미만'만 수입한다는 연령 제한을 다시 적용하고, 광우병이 재발하면 수입 중단 조치를 취할 수 있는 근거도 다시 넣었습니다. 그리고 그 결과를 신문광고 등을 통해 대대적으로 홍보했죠.

그런데 실제로 명문화된 수입 중단 조건은 '광우병 재발로 긴급한 필요성이 있을 경우'라는 단서 조항이 붙어 있어서, 수입 중단을 하려면 구체적인 위험성을 우리가 입증해야 한다고 합니다. 그렇지 않고 곧바로 수입 중단을 하면 통상 마찰을 일으킬 수

2008년 5월5일 어린이 날 서울 광화문 청계광장에서 어린이들이 촛불을 들고 미국산 쇠고기 수입 반대 시위를 벌이고 있다. ⓒ 경향신문

2008년 5월 29일 광우병 대책회의 주부 회원들이 미국산 쇠고기가 보관돼 있는 경기 용인시 기흥의 한 냉동창고 앞에서 쇠고기 반출에 반대하는 인간띠 잇기 시위를 벌이고 있다. ⓒ 경향신문

2008년 6월 25일 시민들이 유모차에 아기를 실은 채 청와대 인근 서울 청운동사무소 앞에서 미 쇠고기 수입 전면 재협상을 요구하며 연좌시위를 하고 있다. ⓒ 경향신문

2008년 6월 미국쇠고기수입반대 광화문 시위에서 시민들이 경찰버스와 대치하는 모습. 국민들이 불같이 일어나지 않았다면 '30개월 령 이상의 쇠고기'까지 수입했을 전직 주무 장관과 관련 업체는 협상의 문제점을 비판한 이들에게 손해배상 소송을 내는 등 낯 뜨거운 일을 벌였다. ⓒ 경향신문

있다는 것입니다. 그래서인지 정부는 '우리가 수입하는 미국산 쇠고기는 안전하다'며 수입 중단의 전 단계인 검역 중단조차 할 필요가 없다는 입장을 고수했습니다. 정부는 수입 중단이나 검역 중단을 하지 않는 대신 검역을 대폭 강화했는데, 검역을 통해 광우병 감염 여부를 확인하는 것은 현실적으로 어렵다는 것이 전문가들의 설명입니다.

지금 하고 있는 검역은 미국에서 수입되는 쇠고기의 포장을 뜯어 눈으로 확인하는 방식인데, 수입이 금지되어 있는 특정위험물질SRM, 즉 편도와 소장 끝부분 등이 섞여 들어오지 않는가를 가려내는 것입니다. 우리나라에는 현재 30개월 미만의 쇠고기와 뼈, 내장 등 일부 부산물이 수입되고 있는데, 이미 광우병에 감염된 소가 도살됐다면 육안 검사만으로는 아무것도 걸러낼 수 없다는 게 전문가들의 얘깁니다. 광우병 감염 여부는 도살 당시 뇌를 검사하는 방법으로밖에 알 수 없다는 것이죠. 따라서 검역 비율을 아무리 높인다고 해도, 심지어 100% 검역을 한다고 해도 요식행위에 불과하다고 비판적인 전문가들은 말하고 있습니다.

당시 발견된 광우병 소가 나이 든 젖소이고, 광우병의 유형도 사료와 무관한 비정형이기 때문에 우리가 수입하는 미국산 쇠고기의 안전성에는 아무 영향을 미치지 않는다는 정부의 설명은 어떻게 받아들여야 할까요. 국내 광우병 전문가들은 지난 2008년 촛불시위 이후 논쟁 과정에서 사실상 '친정부'와 '반정부'로 나뉘어 각각 다른 논리를 펴고 있어서 일반 시민의 입장에서는 어떤 말을 믿어야 할지 혼란을 느낄 수밖에 없습니다. 정부의 자문을 맡고 있는 전문가들은 정부의 설명을 지지합니다. 반면 서울대 우희종 교수 등 비판적인 전문가들은 그렇지 않다고 반박했습니다. 우선 비정형 광우병이기 때문에 전염성이 없고, 위험하지 않다는 주장은 일본 등 국제학계의 다양한 연구에 따르면 근거가 없고, 오히려 이번에 발견된 비정형 엘타입의 광우병은 사료에 의한 정형 광우병보다 전염성이 강하다는 연구 결과도 있다고 말했습니다. 또 미국에서 생산되는 쇠고기 가운데 8~9%가 젖소고기인데, 수입위생조건에서 젖소고기 수입을 금지하지 않기 때문에 얼마든지 국내에 들어올 가능성이 있다고 설명했습니다. 나아가 현재 우리나라에 들어오는 미국산 쇠고기의 품질은 민간업자들이 자율적으로 보장하는 시스템이어서 30개월이 넘은 소가 섞여 들어온다고 해도 우리로선 검역 과정에서 알 수가 없다고 말합니다.

시민단체들이 구성한 '광우병감시 전문가자문위원회'에 따르면 대다수 유럽 국가들은 미국이 건강에 해로운 성장호르몬을 소에 투입한다는 이유로 통상 마찰까지 감수하며 미국산 쇠고기를 거의 수입하지 않고 있다고 합니다. 또 캐나다는 자기네도 광우병이 계속 발생하는 국가이기 때문에 미국산에 대해 수입 중단 조치를 하면 자기 나라 쇠고기 수출도 막힐 수 있다는 문제를 안고 있어 이번에 별다른 조치를 하지 않았다고 합니다. 일본은 미국산 쇠고기를 많이 수입하는 나라인데, 까다로운 수입위생조건 협상을 통해 20개월 미만의 쇠고기만 수입하고, 그것도 민간 자율이 아니라 미국 정부가 특정위험물질 제거와 연령에 대해 보장을 하도록 하는 체제이기 때문에 이번에 추가 조치를 하지 않았다고 합니다. 선진국들은 우리와 다 상황이 다르다는 것을 알 수 있습니다.

미국에서는 2003년, 2005년, 2006년에 이어 이번에 네 번째로 광우병 소가 발견된 것인데, 어떻게 보면 '수천만 마리 중 고작 네 마리'라고 볼 수도 있지만 문제는 미국의 검역시스템이 다른 선진국에 비해 매우 부실하다는 것입니다. 1990년대에 광우병 홍역을 크게 치렀던 유럽 국가들은 30개월이 넘은 소를 도축할 때 전체에 대해 광우병 검사를 한다고 합니다. 그러나 미국은 매년 도축되는 3,500여만 마리 중 약 0.1%인 4만 마리에 대해서만 광우병 검사를 하기 때문에, 발견되지 않은 광우병 소가 더 있을 가능성을 배제할 수 없다는 것입니다. 이번에 캘리포니아에서 발견된 광우병 소도 주저앉는 증상을 보여서 안락사를 시킨 뒤 사체 처리 공장에 보냈는데, 우연히 샘플 검사에 걸려 광우병이 발견됐다고 합니다. 만일 샘플에 걸리지 않았다면 그 사체로 사료 등 다양한 가공제품이 만들어져 시중에 유통됐을 것입니다. 또 미국은 소의 부산물을 소에게 먹이는 것은 금지했지만 돼지나 닭에게는 먹일 수 있고, 돼지나 닭으로 소 사료를 만들고 있어 광우병 교차 오염의 우려가 여전하다고 전문가들은 지적하고 있습니다.

우리나라가 쇠고기를 많이 수입하는 캐나다, 호주, 뉴질랜드, 멕시코에 대해서는 해당국에서 광우병이 발병하면 즉각적으로 우리가 검역 중단과 수입 중단 조치를 아무 조건 없이 할 수 있다고 합니다. 원래는 미국에 대해서도 같은 조건으로 수입위생조건이 체결되어 있었는데, 2008년 이명박 정부가 한미 자유무역협정의 비준을 위한 선결조건의 하나로 쇠고기 수입 조건을 대폭 완화하면서 우리 쪽의 검역 주권이 약화된 것입니다.

우리는 돈을 내고 미국산 쇠고기를 사먹는 소비자입니다. 안전하고 위생적인 쇠고기만을 팔라고 미국에 요구할 권리가 있습니다. 따라서 광우병이 추가로 발견됐을 때는 일단 수입 중단, 혹은 사실상의 수입 중단에 해당하는 검역 중단 조치를 취하고, 우리가 수입하는 쇠고기가 안전하다는 사실을 최종적으로 확인한 후에 수입을 재개하도록 해야 할 것입니다. 특히 광우병이 재발할 경우 아무런 조건 없이 수입 중단을 할 수 있도록 명문화하고, 미국 현지 도축장 등을 우리가 직접 검사할 수 있는 내용으로 수입위생조건 재협상이 이뤄져야 합니다. 또 현재 잠정적으로 민간업자 자율에 의해 30개월 미만의 쇠고기를 수입하도록 돼 있는 부분도 '잠정적'이란 조건을 떼고, 30개월 미만 여부에 대해 미국 정부가 보증하도록 조건을 강화해야 합니다. 이렇게 해서 미국산 쇠고기의 안전성에 대한 믿음을 높이는 것이 결국 미국 쇠고기 수출 확대에도 유리하다는 것을 상대방에게 설득할 필요가 있습니다.

회색 도시 살릴
녹색 텃밭

　　　　　　　　　　박원순 서울시장이 2012년 6월 2일 한강 노들섬에서 시민들과 모내기를 하면서 "올해를 도시농업의 원년으로 선포한다"고 말했습니다. 앞으로 서울시의 한 가구당 3.3제곱미터 이상 농사지을 공간을 만들어서 서울을 세계 제1의 도시농업수도로 만들겠다고 선언한 것입니다. 도시농업이라는 것은 도시의 유휴 공간에 작은 텃밭을 만들어서 농작물을 재배하는 것입니다. 전업이 아닌 취미, 여가, 학습, 체험 등을 목적으로 하는 농사활동이라고 할 수 있죠. 동네 곳곳에 방치된 자투리땅이나 건물 옥상에 텃밭을 조성할 수도 있고 아파트 베란다 등에 상자, 화분을 놓고 채소 등을 길러 먹기도 하는 방식입니다. 판매가 목적이 아니라 동네 주민이나 단체들의 공동재배를 통해 자급자족하고, 소외된 이웃과 나누기 위해 농사를 짓는 게 대부분입니다. 독일, 영국, 일본 등 선진국에서는 이미 활성화되어 있는데 우리나라에는 최근 몇 년 사이 각 지방자치단체가 의욕적으로 도시농업 확대를 추진하고 있습니다.

농사는 농촌에서 짓는 것이란 생각이 일반적인데, 도시농업이 활성화하면 어떤 장점이 있을까요. 우선 도시에서 직접 농사를 짓는 사람 입장에서는 유기농법 등으로 직접 재배한, 안전한 먹거리를 확보할 수 있다는 게 큰 장점입니다. 농작물이 생산지에서 소비지까지 오는 거리를 의미하는 '푸드 마일리지'가 줄어 그만큼 식품 위생과 에너지 효율 면에서 유리합니다. 또 농사를 짓는 과정에서 가족이나 이웃과 교감하고 즐거움을 나눌 수 있다는 것, 정서적인 만족감도 큰 소득이 될 수 있습니다. 도시환경 면에서는 식물 재배를 통해 지구온난화를 완화하는 효과를 기대할 수 있습니다. 예를 들어 건물 옥상에 식물이 자랄 경우 건물 표면 온도를 낮춰 냉방비를 크게 줄일 수 있다고 합니다. 또 식물이 자라는 만큼 산소 공급이 되기 때문에 도시의 대기 정화에도 도움이 되고요. 나라 단위에서 보면 농촌과 더불어 도시에서도 일정량의 식량 생산이 되기 때문에 식량자급률을 높일 수 있고, 그만큼 식량안보가 튼튼해진다는 효과를 기대할 수 있습니다.

그런데 언뜻 생각해보면 땅값이 상대적으로 비싼 도시에서 농사를 짓는 것이 과연 땅을 효율적으로 이용하는 것일까 하는 생각도 듭니다. 노들섬에 텃밭을 만드는 문제를 놓고도 '비싼 서울 땅에 어떻게 농사를 짓느냐'는 논란이 있었고요. 그러나 선진국일수록 '도시의 허파' 기능을 하는 녹지를 확보하는 데 아낌없이 투자하는 것을 참고할 필요가 있습니다. 미국 뉴욕도 그 비싼 땅에 어마어마한 크기의 녹지공원인 센트럴파크를 유지하고 있거든요. 도시농업도 선진국들이 앞장서고 있는데, 독일은 '클라인가르텐', 영국은 '얼로트먼트'라는 이름으로 공공기관이 도시에 텃밭을 조성해서 시민들에게 농사짓도록 분양해 큰 성공을 거두고 있습니다. 사실 대부분의 도시농업용 텃밭은 유휴지나 자투리 공간을 이용하기 때문에 상업용 목적과 크게 충돌하지 않습니다. 예를 들어 동네 외곽 등에 어중간하게 남아 있는 자투리땅에서 마을 주민이 공동으로 농사를 짓거나, 아파트나 사무용 건물의 옥상, 아파트 베란다 등을 활용해 농작물을 기르는 것이죠.

도시농업이 활성화하려면 공유지 이용 등 각종 지원이 필요합니다. 그래서 2011년 11월 국회에서 '도시농업의 육성 및 지원에 관한 법률'이 제정됐고 2012년 5월부터 시행되기 시작했습니다. 정부는 도시농업에 대한 적극적인 지원을 통해서 도시민의 삶의 질을 높이고 농업·농촌에 대한 이해를 확산시키겠다고 밝혔습니다. 오는 2020년까지 우리나라 전체 인구의 10%, 즉 약 500만 명을 도시농업에 참여시키겠다는 목표를 세웠습니다. 참고로 2011년 현재 도시농업에 참여하고 있는 국내 인구는 약 70만 명 정도 된다고 합니다. 특히 서울시와 강동구청, 대구시 등 크고 작은 지방자치단체들이 열심히 앞장서고 있습니다. 공유지에 텃밭을 조성해서 시민들에게 분양해주고, 전담 부서를 만들어서 농사짓는 방법을 알려주고, 농기구나 비료 등의 조달도 지원하는 등 적극적으로 도시농업의 확산을 위해 나서고 있습니다.

도시농업에 많은 장점이 있어 보입니다만, 도시인들이 농사를 많이 지어 일부 농산물을 자급자족할 수 있게 되면 상대적으로 농사에 전념하는 농민들이 피해를 보게 되진 않을까 하는 우려도 있을 수 있습니다. 그러나 도시농업을 장려하는 중요한 목적 중 하나가 도시민들이 직접 농사를 지어봄으로써 농업과 농촌에 대한 이해를 높이고 농촌과의 교류를 확대하자는 취지라는 점을 주목할 필요가 있겠습니다. 실제로 서울시 등의 도시농업 정책에는 도시와 농촌의 교류를 통해 농촌에서 생산된 작물의 직거래 등을 활성화하는 내용이 포함되어 있습니다. 농촌진흥청 조사에 따르면 도시농업 경험이 있는 사람일수록 수입 농산물 대신 우리 농산물을 더 많이 소비하는 경향이 있다고 합니다. 요즘 직장생활을 청산하고 귀농하는 중년층이 늘어나고 있는데, 도시농업을 경험한 사람들이 장차 귀농해서 성공할 확률도 높을 것입니다. 당국은 또 원예산업 활성화 등을 통해 농촌과 도시의 시너지가 창출될 수 있을 것이라고 설명하고 있습니다. 무엇보다 도시농업의 목적이 판매에 있지 않기 때문에 기존 농업과 농촌에 피해를 끼치기보다 상생 효과가 더 크다는 것이 선진국에서 입증되고 있다고 합니다. 앞으로 도시농업을 본격화하는 과정에서 우리농산물소비운동이나 친환경급식 등 도시와 농촌의 상생을 추구하는 방향으로 정책이 추진되도록 더욱 세심한 주의를 기울일 필요가 있겠습니다.

우리나라의 식량자급률이 굉장히 낮아서 국제곡물가격 변동에 민감한데 도시농업이 활성화하면 자급률을 높이는 데 도움이 될 수 있을 것입니다. 최근에는 '식량의 무기화' '식량안보'라는 얘기도 많이 나오는데, 실제로 식량 문제가 정치적 이슈로까지 비화하는 사례도 있습니다. 식량 문제 때문에 정권이 무너지기도 했을 정도니까요. 대표적인 경우가 '재스민 혁명' '아랍의 봄'이라고 불렸던 2011년 초 중동과 북아프리카 국가들의 정치적 격변입니다. 2010년에 러시아가 작황 부진을 이유로 밀의 수출을 금지했습니다. 그러자 러시아가 수출하는 밀에 크게 의존했던 이집트 등 중동아프리카 국가에서 주식인 밀과 관련 식품 가격이 급등하면서 가난한 사람들이 굶주리게 되고, 이것이 정치적 불만과 결합하면서 대규모 군중시위로 표출됐습니다. 식량을 수입에 의존하는 국가들은 경제적으로, 정치적으로 취약한 위치에 놓일 위험성이 높습니다. 필리핀의 경우는 1970년대까지만 해도 쌀을 수출하는 나라였는데, 쌀시장을 개방한 이후 농업이 무너지고, 지금은 수입에 의존하는 국가가 돼 굉장히 어려운 처지입니다. 우리도 한미, 한EU 자유무역협정 등으로 지금 농축산업이 큰 위기에 놓였는데, 농업을 지키고 식량자급률을 높이기 위해 비상한 각오로 대처해야 할 때입니다.

도시농업의 경험을 쌓은 뒤 직장을 은퇴하고 귀농하는 인력이 늘어난다면 중고령층의 취업난 해소와 농촌의 활력 회복에도 도움이 될 것입니다. 컴퓨터 등 정보기술 지식이나 판매영업 등의 경험이 있고 도시에 네크워크가 있는 중년층이 영농에 대한 체계적인 지원을 받으며 농촌에 정착할 경우 마을 단위의 온라인 판매망 개척 등 새로운 돌파구를 열 수 있을 것입니다. 이런 흐름이 의미 있는 정도로 나타나면 중고령 퇴직자들이 너나없이 치킨집, 피자집, 빵집 등에 뛰어들어 출혈을 벌이느라 죽을 지경인 자영업 분야도 덩달아 숨통이 트일 것입니다. 도시와 농촌의 상생을 위해 지방자치단체들이 좀 더 적극적으로 손을 잡을 필요가 있겠습니다.

6부

남북, 크라잉게임은 이제 그만

북한 시장을
버릴 것인가

"어제 뉴스에서 북한이 미사일 쏜다고 들었는데, 저 이제 11살 되거든요. 아직 중딩두 아닌데 이렇게 죽을 순 없어요."

2009년 4월 한 인터넷 포털의 게시판에 올라와 있던 글입니다. 이 초등학생처럼 북한 미사일 발사가 곧 전쟁을 뜻하는 것이라고까지 걱정하는 사람은 많지 않을 것입니다. 그러나 미사일 얘기가 나올 때마다 우리가 휴전선을 사이에 두고 '적'과 대치 중이라는 사실을 되새기게 되는 심경은 편치 않습니다. 미사일 문제로 치러야 하는 비용은 이런 심리적 불안에 그치지 않습니다. 북한의 도발 징후가 보일 때마다 환율이 더욱 요동치는 것, 해외에서의 자금 조달이 더욱 어려워지는 데는 '한국은 군사적 충돌 가능성이 있는 나라'라는 지정학적 위험이 새삼 부각되는 탓도 있습니다. 국가 신용도를 한 단계 더 깎아먹는 '코리아 디스카운트'가 작용하면서 경제적 비용이 증폭되는 것이죠.

2008년 초까지만 해도 금강산과 개성공단에 관광객과 투자자들이 활기차게 오가고, 남북을 잇는 열차가 신나게 달렸습니다. 그런데 지금은 어떻습니까. 강원도 고성 등 금강산 관광의 관문에는 방문객이 끊겨 폐업을 할 수밖에 없던 지역 상인들의 원성이 하늘을 찌릅니다. 개성공단에 남아 있는 기업인들은 남북 간에 문제가 생길 때마다 그동안의 투자를 포기하고 철수해야 하는 사태까지 오지 않을까 마음을 졸입니다. 남북한 철길은 끊겼고, 당국자 간의 전화 '핫라인'도 불통이라고 합니다. 정부는 북한의 '도발'을 비난하지만, 이명박 대통령이 집권한 후 과거 정권에서의 합의를 무시하고 북한을 자극해서 오늘과 같은 사태를 초래한 측면도 있다는 비판을 면하기 어렵습니다.

남북이 긴밀한 협력을 통해 평화 통일을 추구해나가는 것이 우리 안보와 경제에 얼마나 결정적인지 안다면 지금과 같은 상황을 절대 방치할 수 없을 것입니다. 한반도에서 전쟁이 일어날 가능성이 없어졌다고 세계가 믿게 되면, 지정학적 위험 때문에 감수해야 했던 '코리아 디스카운트'는 사라질 것입니다. 대형 장기 투자를 생각하는 외국자본이 더 쉽게 한국행을 결정할 것이고, 해외에서 돈을 빌리는 우리 기업들의 이자 부담도 낮아질 것입니다.

제대로 개방이 된다면 북한은 중국과 동남아시아 등 저비용 국으로 '탈출'을 고민하고 있는 우리나라 기업들에게 기회의 땅이 될 것입니다. 잘 교육되고 근면한, 그리고 우리말로 의사소통을 할 수 있는 노동자들을 중국보다 훨씬 싼 인건비로 활용할 수 있기 때문이죠. 남한과는 비교할 수 없는 땅값으로 공장을 지을 수 있고, 광석 등 천연자원도 중국과 유럽이 눈독을 들일 만큼 풍부합니다. 경제가 성장하면서 구매력이 점점 커질 약 3,000만의 북한 인구는 장기적으로 우리 시장을 5,000만에서 8,000만 명 규모로 키우는 역할을 할 것입니다. 다른 나라와 복잡한 조건으로 자유무역협정을 맺는 것보다 훨씬 의미 있는 일입니다. 북한의 경제개발 과정은 또 '청년 실업'에 묶여 있는 우리 젊은이들에게 도전적으로 자기 사업을 펼칠 기회를 활짝 열어줄 수 있을 것입니다.

좀 더 생각을 발전시켜 봅시다. 북한 땅을 자유롭게 오갈 수 있다면 삼면의 바다, 북쪽의 휴전선으로 고립된 우리나라가 중국과 러시아, 나아가 유럽과 중동까지 육로로 이어질 수 있을 것입니다. 이것은 유럽 등 구매력이 높은 대륙으로 시장을 더욱 손쉽게 확대하는 길이 될 것입니다. 글로벌 금융위기 와중에서 수출시장은 얼어붙고, 내수도 살릴 길이 없어 진퇴양난에 처한 우리 경제에 북한시장은 결정적인 돌파구가 될 수 있습니다. 금강산 관광, 개성공단, 남북 철길의 성공을 잘 이어간다면 말입니다.

고 정주영 전 현대그룹 회장은 북한시장의 가능성을 꿰뚫어 보고 금강산 사업의 물꼬를 열었습니다. 그에게서 일을 배운 최고경영자 출신의 이명박 대통령이 남북경협의 시계추를 거꾸로 돌린 것을 어떻게 봐야 할까요. 무엇보다 '경제를 살려달라'는 기대를 안고 당선된 대통령이 그 결정적 돌파구를 무너뜨린 것을. 새 정부는 절대 이런 실패를 되풀이하지 말아야 할 것입니다.

미사일보다 더
무서운 것

전자제품처럼 겉으로 봐서는 그 성능을 쉽게 알 수 없는 물건을 살 때, 사람들은 흔히 어느 회사 제품인지, 즉 '브랜드'가 무엇인지를 살피게 됩니다. 우리나라 사람이라면 아무리 기계를 보는 안목이 없다 해도 삼성이나 LG 상표를 붙인 냉장고를 살 때 크게 갈등하지 않을 것입니다. '품질을 믿어도 된다'는 사회적 신뢰가 쌓여 있기 때문입니다.

국가에도 이런 브랜드 가치가 작용합니다. 회사 이름이 그리 익숙하지 않아도 독일이나 일본산 기계라고 하면 왠지 미더워 보이고, 프랑스산 화장품이라면 조금 비싸더라도 사고 싶어지는 심리가 있습니다. 기업과 마찬가지로 한 나라에 대해서도 오랫동안 축적된 신뢰와 호감이 작용하기 때문입니다.

'안홀트'라는 국제 조사기관에 따르면 지난 2008년 우리나라의 국가브랜드 가치는 세계 50개국 중 33위로 나타났습니다. 경제 규모로는 세계 13위인데, 국가브랜드 가치는 이에 어울리지 않게 낮은 평가를 받았던 것입니다. 우리보다 후진국이라고 흔히 생각되는 인도(27위), 중국(28위)보다 못하고, 태국(34위)과 비슷한 형편입니다. 올림픽과 월드컵도 대대적으로 치르고, 대외 홍보비로 적잖은 국가 예산도 쏟아 부었는데 왜 이런 결과가 나온 것일까요.

정부가 만든 국가브랜드위원회가 내놓은 조사 결과를 보면 그 궁금증이 좀 풀립니다. 2009년 2월 월드리서치와 공동으로 상사주재원, 유학생 등 주한 외국인 1,000명을 대상으로 여론조사를 해보니, 우리의 국가브랜드가 저평가되는 가장 큰 원인이 남북 대치 상황인 것으로 지적됐다는 것입니다. '한국이 낮은 평가를 받는 원인을 복수로 꼽아달라'는 질문에서 48.4%의 응답자가 남북관계의 불안정성을 지목했다고 합니다. 북한과 군사적으로 대치하고 있고, 언제든 전쟁이 일어날 가능성이 있다는 지정학적 위험geopolitical risk이 부각되고 있음을 보여준 것입니다. 그 다음으로 많이 꼽힌 것은 국제사회 기여 미흡(44.1%), 정치사회적 불안(41.5%), 이민이나 관광지로서의 매력 부족(38.8%) 등이었습니다.

다른 어떤 이유보다 남북의 대치 상황이 국가브랜드 저평가의 가장 큰 요인으로 작용한다는 것은 새삼스런 얘기가 아님에도 시기적으로 의미심장하게 다가옵니다. 2009년 북한의 미사일, 혹은 인공위성 발사 움직임을 둘러싸고 한반도의 긴장이 더욱 높아지고 있었는데 이명박 정부의 대처가 상황을 더욱 악화시키는 방향으로 가고 있었기 때문입니다. 국가브랜드위원회가 2013년까지 우리나라의 브랜드 가치를 세계 15위로 올려놓겠다며 이런저런 실행 계획을 내놓았지만, 이런 상황에서는 다 속절없어 보입니다. 가장 중요한 요소인 남북관계가 점점 더 나빠지고 있는데, 매력적인 관광 상품을 아무리 개발하고 홍보해봐야 무슨 도움이 되겠습니까. 그러고 보면 해외에서 만난 사람들에게 한국인이라고 했을 때 '핵무기'나 '김정일'을 화제로 올리기 일쑤였던 점, 우리나라를 찾은 외국인들에게 가장 인기 있는 관광코스의 하나가 여전히 비무장지대DMZ, 판문점 투어라는 사실이 새삼 떠오릅니다. 우리나라 제품이 아무리 성능과 디자인에서 손색이 없어도 선진국 제품의 70% 정도밖에 값을 못 받고 있는 점, 그래서 우리나라의 대기업들이 아예 국적을 감추고 회사이름만으로 승부하려고 하는 것도 다 이런 배경이 있는 것이겠죠. 이 같은 '코리아 디스카운트' 때문에 정부와 기업들이 해외에서 돈을 빌려올 때도 선진국들보다 훨씬 높은 이자를 물어야 하니 남북 대치의 경제적 비용이 이만저만이 아닌 셈입니다.

그런데도 이 문제를 보는 정부의 시각은 안이하기 짝이 없습니다. 보도에 따르면 국가브랜드위원회의 활동 계획을 설명하는 자리에서 한 정부 관계자는 "남북관계와 같은 어쩔 수 없는 조건은 일단 인정하고 그 밖의 이유로 인한 코리아 디스카운트를 줄여나가겠다"고 설명했다고 합니다. 남북의 대치 상황을 어쩔 수 없는 변수라고 보는 이 시각, 바로 그게 심각한 문제입니다.

사실 이명박 정부가 들어서기 전, 김대중 정부와 노무현 정부에서 남북관계는 상당한 진전을 이뤘습니다. 일부 보수 세력들이 '퍼주기'라며 매섭게 비판했지만, 북한을 어르고 달래가며 금강산 관광을 진전시키고 개성공단을 만들고, 경의선 철길도 연결했습니다. 여러 지방자치단체와 시민사회단체들의 대북 교류도 싹을 틔우고 꽃봉오리를 키워갔습니다. 물론 북한의 핵 개발이나 탈북자 문제 등이 늘 목엣 가시처럼 존재했지만, 인내심 있게 교류를 진전시키다보면 한반도에 평화를 정착시키고 통일도 가시화할 수 있을 것이라는 희망이 있었습니다. 특히 개성공단은 남쪽의 자본과 기술, 북쪽의 노동력과 토지를 결합한 이상적인 협력 모델로, 남북한 모두에게 경제 성장의 돌파구가 될 것이라는 기대를 모았습니다. 개성공단을 다녀간 수천 명의 외국인들은 남북협력의 '실험'에 주목하며 한반도의 장래를 낙관하는 여론을 세계에 확산시켰습니다. 사람들은 남북 철도로 시베리아를 거쳐 유럽까지 곧장 달릴 수 있는 육로를 터서, 시장 확대의 전기를 마련할 것이라는 꿈도 가지게 됐습니다.

그러나 이명박 정부가 들어선 후, 이 모든 것이 너무나 빠르게 무너졌습니다. 새 정부의 실력자들이 과거 정부와 북한 간의 합의를 무시하는 발언 등으로 분위기를 냉각시키더니, 급기야 금강산 관광객 총격 등 북한의 도발과 우리 정부의 강경 대응이 맞부딪쳐 빙하기 같은 대립 상황을 낳고 말았습니다. 고작 1년여 사이, 금강산 관광이 중단됐고, 경의선 철로의 통행이 끊겼으며, 남북한 소통의 '핫라인'도 단절됐습니다. 남북경제협력의 상징이었던 개성공단은 툭하면 북한의 통행 제한 등으로 정상적인 가동이 어려워지는 위기에 처했고, 그곳에 투자한 기업인들이 '이러다가 아예 폐쇄되는 것 아닌가' 하는 두려움에 떨어야 했습니다. 다행히 공단의 존립 자체가 위협받지는 않았지만 말입니다. 전남 강진군의 '청자보물선 뱃길 재현사업', 충북 제천의 '금강산 제천 사과 축제', 경기도의 '평양 당곡리 벼농사 협력사업' 등 지방자치단체들의 남북 교류 사업도 다 중단됐습니다.

이런 남북관계 악화가 이명박 정부가 말한 대로 '발전을 위한 일시적 진통'이라면 희망을 가질 수도 있었을 것입니다. 그러나 정부의 설명에 아무리 귀 기울여봐도 북한과의 관계를 어떻게 개선하겠다는 것인지 감을 잡을 수가 없었습니다. '사태의 책임은 전적으로 북한에 있다. 북한이 핵을 완전히 포기하면 우리가 이런저런 지원을 해주고, 1인당 국민소득이 3,000달러가 되도록 지원해주겠다' 하는 것이 이명박 정부의 대북 구상 핵심이었습니다. 이른바 '비핵개방 3000'이라는 정책입니다. 그러나 북한은 '우릴 거지로 보느냐'는 태도로 이 제안을 일축하면서 남한 정부를 따돌리고 미국과 직접 거래하겠다는 '통미봉남通美封南'의 전략을 구사했습니다. 북한의 미사일 발사 위협 등으로 한반도 긴장의 수위는 점점 높아지고, 우리의 지정학적 위험이 더 크게 부각되면서 안 그래도 어려운 경제에 부담을 가중시켰습니다.

국민들이 굶어죽는데도 핵무기 개발에 '올인'하고 있는 북한 정권의 비합리성에 대해서는 더 말할 것이 없습니다. 그런데 이렇게 비합리적이고 모순투성이인 상대가 우리의 안보를 위협하는 당사자이고, 우리는 파국을 피하기 위해 그들을 상대로 협상해야 하는 처지라는 게 비정한 현실입니다. 저쪽은 '내가 한 장을 내놨으니 너도 한 장을 내놔야 한다' '네가 한 대 쳤으니 나도 한

대 치겠다는'는 상호주의가 통하지 않는 상대입니다. 떼쓰는 어린아이 같은 상대를 어떻게 구슬려 서로에게 이익이 되는 쪽으로 끌고 갈 것인지 치밀하게 계산하고 인내심 있게 전진해야 합니다. 이명박 정부 때처럼 아무 대안 없이 남북관계를 방치했다가는 점점 북한의 도발 수위를 높여 파국을 맞을 가능성이 높다는 것을 정말 심각하게 걱정해야 합니다.

대기업의 최고경영자 출신으로 실용주의를 주창해온 이명박 대통령이 우리에게 새로운 '블루오션(미개척 시장)'이 될 수 있는 북한 경제의 가치를 깨닫지 못한 것은 너무나 안타까운 일입니다. 북한경제 전문가인 임성훈 건국대 교수는 《북한을 사라》라는 책에서 '통일 비즈니스'가 우리 경제에 얼마나 큰 기회를 줄 수 있는지 강조했습니다.

"(남북한 경제가 통합되면) 물리적 공간은 현 크기의 한 배, 소비인구는 절반가량이 더 늘어난다. (…) 중국의 동북 3성, 연해주 등 인근 경제권 흡수로 유발되는 실질 활동 영역까지 포함하면 면적으론 약 10배, 소비 규모론 2배가량 커진다. (…) 중국을 철도로 횡단한다면 유럽 물류의 관문인 함부르크 항까지 9,000킬로미터로, 바다를 통했을 경우의 19,000킬로미터보다 반 이상 거리가 짧다. 짧아진 거리만큼, 추가적인 선하적 절차가 필요 없는 만큼, 물류비용이 절약됨은 당연지사다."

임 교수의 지적대로 제대로 개방이 된다면 북한은 우리나라

기업들, 특히 인건비 부담 때문에 중국이나 동남아로의 이전을 생각하는 중소기업들에게 기회의 땅이 될 것입니다. 북한과의 경제 교류가 궤도에 오르면 '청년 실업'에 묶여 있는 우리 젊은이들이 일자리를 얻거나 자기 사업을 벌일 기회도 많아질 것입니다. 그러나 이명박 정부 5년 동안 현실은 이런 꿈이 점점 덜어지는 방향으로 갔고, 그러는 사이 중국과 유럽 기업들이 북한의 천연 자원들을 앞 다투어 선점했습니다.

북한의 미사일보다 진짜 더 무서운 것은 '남북 대치는 어쩔 수 없다'고 생각하는 정부의 사고방식입니다. 화해와 협력을 통해 '블루오션'을 개척할 수 있는데도 황금 같은 기회를 내던진 지난 정부의 안이함이야말로 우리를 떨게 만든 가공할 위협이었습니다.

전쟁과 평화

"우리 큰애 입대 날짜 받아놨는데, 무슨 수를 쓰더라도 연기해야 하는 것 아닐까?"

2010년 천안함 사고 후 한동안 중년 엄마들이 모인 자리에서는 이런 얘기가 화제의 중심이 됐습니다. 수십 명의 장병이 생때같은 목숨을 잃은 뒤 군에 자식을 보냈거나 보낼 예정인 부모들은 '불안지수 급상승'을 경험했습니다. 게다가 정치권과 언론의 매파들은 "전쟁을 불사하고 북을 응징하자"며 '선동질'에 나섰습니다. 대통령까지 "전쟁을 두려워하지 않는다"는 말을 입에 올렸습니다. 전쟁이 비디오 게임인 줄 아나? 내 자식이 제일 먼저 '포탄받이'가 될 수 있다고 생각하는 엄마들은 걱정과 분노로 밤새 뒤척였습니다.

남북 당국의 움직임은 이런 근심에 기름을 끼얹었습니다. 우리 정부는 개성공단을 제외한 대북 교역 전면 중단을 선언했고,

중단했던 휴전선에서의 대북 심리전 방송과 '삐라' 살포 재개도
예고했습니다. 북한은 이에 맞서 아예 '전쟁 상태'를 선포했습니
다. 남북 간의 통신을 끊고, 대북 심리전이 시작되면 방송시설에
조준사격을 하겠다고 엄포를 놓았습니다. 이렇게 마구 주고받다
가 급기야 큰일이 터지는 것은 아닐까? 미국의 타임 등 일부 외
신은 한반도 전쟁 시나리오를 구체적으로 그려내 불난 집에 부
채질을 하기도 했습니다. '천안함 사건 이후 전쟁의 위협이 커졌
다고 생각하나'를 묻는 한 국내 신문사의 인터넷 설문 조사에서
는 1만 4,000여 명의 응답자 중 약 58%가 '그렇다'고 답했습니다.

남북 대치는 심리적 불안뿐 아니라 경제적 피해도 키웠습니
다. 한반도의 지정학적 리스크, 즉 언제든 무력 충돌이 일어날 수
있는 곳이라는 위험성이 다시 부각되면서 주가는 고꾸라지고 환
율은 널뛰기를 했습니다. 우리 정부와 기업들이 국제 금융시장
에서 돈을 빌릴 때 선진국 우대금리에 얹어줘야 하는 가산금리
도 올라갔습니다. 북에서 수산물, 모래, 석탄 등을 수입하던 중소
업체들과 속초항, 인천 등의 지역 기업들은 교역 중단 조치로 날
벼락을 맞았습니다. 개성공단에 투자한 120여 개 업체들도 언
제 공단 폐쇄와 같은 극단적 조치가 내려질지 몰라 마음고생이
이만저만이 아니었습니다. 납품 불안을 이유로 주문이 취소되는
바람에 생산량을 줄이고 현지 인력의 일부를 휴직시킨 회사도
있었다고 합니다.

경제뿐입니까. 2010년 6·2 지방선거를 코앞에 두고 이른바
'북풍'이 일면서 토론의 쟁점이 돼야 할 지역 살림과 교육 문제

등이 밀려버린 것 등 민주주의의 손실도 적지 않았습니다.

이제 천안함 사건의 충격은 점점 잊혀지고 있습니다. 그러나 불안 자체가 사라진 것은 아닙니다. 역사를 돌아볼 때 아주 우발적인 사건 하나가 전면전을 촉발한 일이 종종 있었다는 사실을 간과할 수 없습니다. '강력 응징'을 다짐한 남이나 '전쟁 상태'를 선포한 북쪽 모두에 물불 안 가리는 강경파들이 득세하고 있기 때문에 어떤 문제가 꼬투리가 되어 통제 불가 상황으로 치달을지 알 수 없습니다. 남북 모두 어떻게든 군사적 긴장을 높이는 경거망동을 삼가야 하며 대화의 끈을 놓지 않아야 합니다. 남쪽 땅 심장부가 북의 장거리포 사정권에 있는 현실에서 전쟁은 '너 죽고 나 죽는' 무모한 선택일 뿐임을 절대 잊지 말아야 합니다.

또 하나, 전쟁 엄포를 놓으면서도 북측이 개성공단을 폐쇄하지 못한 이유를 주목할 필요가 있습니다. 남쪽과의 협력을 통해 북이 얻을 수 있는 이익이 크면 클수록, 무력 충돌의 가능성은 낮아집니다. 우리는 어떻습니까. 평화적 경협을 이어갈 수 있다면 지금 중국이 다 퍼가고 있는 북한의 풍부한 지하자원과 값싼 노동력 등을 활용하면서 중국, 러시아를 거쳐 유럽까지 닿는 내륙 수송로를 통해 단숨에 시장을 키울 수 있습니다. '북한 리스크'가 사라지면 국가신용등급도 올라가고 자금 조달 금리도 낮아집니다. '평화'는 우리의 생존을 위해 필요할 뿐 아니라 경제적으로도 엄청난 이익이 되는 것입니다. 지난 5년 남북관계가 이와는 정반대의 방향으로 달려왔다는 것이 한스럽습니다.

통일세보다 급한 것

어떤 마을에서 산을 넘어가는 길을 하나 닦는다고 합시다. 그렇다면 먼저 '어떤' 길을 낼 것인가부터 생각을 해야 할 것입니다. 산허리를 빙 둘러가는 길을 낼 것인가, 터널을 뚫을 것인가, 아니면 산을 얼마만큼 깎아낸 뒤 그 위로 길을 닦을 것인가. 그다음엔 그 길을 건설하는 데 돈이 얼마나 들지 계산해야 할 것입니다. 소요 자금은 어떤 길을 어떤 공법으로 닦느냐에 따라 달라질 것입니다. 그 후에 해야 할 일이 바로 필요한 돈을 어떻게 마련할지 결정하는 일일 것입니다. 외부 도움 없이 마을 사람들끼리 해결해야 한다면 집마다 어떤 기준에 따라 얼마씩을 분담할지, 그리고 몇 년에 걸쳐 걷을 것인지 의논을 해야 할 것입니다.

이명박 대통령이 2010년 15일 광복절 기념사에서 '통일세'를 거론하자 '생뚱맞다' '뜬금없다'는 반응이 나왔던 것은 바로 이런 상식적 절차가 무시됐기 때문입니다. 과연 '어떤' 통일이 가능할지, 그 과정에서 얼마나 돈이 들지 감감한 상황에서 세금 걷을 얘기부터 꺼내니 어안이 벙벙해졌던 것입니다.

당시 신문 보도를 보면 대통령 직속 미래기획위원회의 추산으로도 '통일비용'은 천차만별입니다. 북한이 개방을 하지 않은 상태에서 급격히 붕괴될 경우, 이후 30년간 2조 1,400억 달러(약 2,350조 원)가 남북한의 경제통합 비용으로 들 것이라는 전망이 있습니다. 남한의 4,800만 인구가 1인당 5,000만 원가량의 부담을 져야 한다는 얘깁니다. 반면 북한의 점진적인 개방을 거쳐 남북통일이 성사될 경우 3,220억 달러(약 354조 원, 1인당 약 740만 원)면 된다고 합니다. 약 7대 1의 차이입니다. 이 전망의 타당성은 별도로 따져봐야겠지만, 일단 어떤 통일이냐에 따라 자금 수요가 달라질 것만은 분명합니다. 그렇다면 당시 통일세를 설계할 경우 도대체 어디에 기준을 두고 시작을 한다는 것일까요.

통일세 얘기가 더욱 낯설게 느껴진 것은 남북관계가 이명박 정부 하에서 과거 어느 때보다 나빠졌기 때문입니다. 김대중, 노무현 대통령 시절 10여 년간 남북이 우여곡절 속에서도 '가까이, 더 가까이'를 실현해왔다면, 이명박 정부 5년간의 남북관계는 '멀리, 더 멀리'를 외쳐온 것과 같습니다.

이런 상황에서 '통일을 준비하기 위해 통일세를 논의하자'는 제안을 어떻게 해석해야 할까요. 그래서 일부에서는 정부가 북한의 체제 붕괴에 따른 급작스러운 '흡수통일' 가능성에 대비하고 있다는 관측이 나왔고, 다른 한쪽에서는 4대강 사업 등으로 바닥난 재정을 메우기 위해 세금 걷을 명분을 찾는 것이라는 전혀 다른 해석도 나왔습니다.

　남북 분단과 이로 인한 군사적 충돌 위험 때문에 엄청난 경제적 손해, 즉 '코리아 디스카운트'를 당하고 있는 우리 입장에서 남북의 평화 공존과 통일은 안보 문제를 넘어서 '지속가능한 경제'를 위한 핵심 조건입니다. 무엇보다 평화 공존을 이루지 못한다면 우리의 경제적 안정도 언제든 송두리째 뒤흔들릴 수 있습니다. 이런 방어적인 시각에서 한 발 나아가, 남북의 경제 협력이 가져다줄 무궁무진한 기회를 주목해봅시다.

　우리가 '눈에는 눈, 이에는 이'라는 1차원적 보복 논리에 매달린 동안 얼마나 많은 기회를 놓쳤는지 직시해야 합니다. 경제난 등 막다른 골목에서 '핵 인질극'을 벌이고 있는 북한과 '맞짱'을 뜰 것이 아니라, 극단적 선택을 포기하고 협력의 장으로 나오도록 끈기 있고 진정 어린 설득을 해야 할 시점입니다. 그래서 남북의 화해와 경제협력이 본격화할 수 있다면 장차 우리가 걱정하는 '통일비용'은 어떤 전문기관의 예상치보다 줄어들 수 있을 것입니다.

　통일세를 거론하기 전에, 북한을 향한 '대화의 문'을 두드리는 게 먼저입니다.

보통 머리론 풀 수 없는
수수께끼

군대라곤 면회밖에 다녀온 일이 없어서 무기나 전투에 관한 얘긴 함부로 안 합니다. 자칫하면 불에 탄 보온병을 들고 포탄이라고 말하게 될지도 모르니까요. '밀리터리룩'이 멋져 보여도 군복 패션은 사양합니다. 유니폼에 담긴 희생과 헌신은 빼고 껍데기만 훔치는 것 같으니까요.

그렇지만 2010년 연평도 사태 후 연일 쏟아지는 안보 관련 뉴스에서는 좀처럼 눈을 뗄 수가 없었습니다. '전투기 공격' '전면전 불사' 등 넘쳐나는 날선 다짐들이 너무 불안해서였습니다. 자살폭탄으로 위협하는 테러리스트 같은 북한을 대화의 여지라곤 없이 몰아붙이다 '너 죽고 나 죽자'의 파국을 맞는 것은 아닌지 두려웠습니다. 게다가 보통 사람의 상식으론 풀 수 없는 '안보 수수께끼'가 계속 쌓이는 것이 너무 답답했습니다.

연평도 사건이 일어난 2010년은 '안보에 강하다'는 보수정권이 집권한 지 3년째 되던 해였습니다. 그러면 적어도 국방만은 물샐틈없이 이뤄져야 하는 것 아닙니까. 그런데 천안함 침몰은

2010년 11월 23일 북한이 발사한 포탄이 떨어진 연평도 민가의 가옥이 파괴돼 처참한 모습을 보이고 있다. 연평도 사건이 일어난 2010년은 '안보에 강하다'는 보수정권이 집권한 지 3년째 되던 해였다. 이명박 정권의 안보는 도대체 어떤 안보이며, 경제는 누구를 위한 경제였을까. ⓒ 옹진군청/연합뉴스

뭐고, 툭 하면 떨어지고 가라앉는 군용기와 고속정은 무엇이며, 맥없이 당한 연평도 피격은 무엇입니까. 북한군이 해안포를 가동하려면 진지의 문을 열고 포를 전진 배치해야 한다는데, 그런 동향은 우리 군이 늘 감시하고 있다가 즉각 대응했어야 하는 것 아닙니까. 그런데 포탄이 어디서 날아오는지도 몰랐다니 뭔 얘긴가요. 공격받는 즉시 응사해야 할 연평도의 자주포 6문 중 3문이 쓸 수 없는 상태였다는 것은 어떻게 이해해야 합니까.

우리는 매해 수십조 원의 예산을 국방비로 쓰고 있습니다. 첨단무기와 장비 구입 등 군 현대화를 명분으로 해마다 증액합니다. 그런데 침몰된 천안함의 함미는 해군 함정이 며칠을 헤매는 동안 고기잡이배의 어군탐지기가 발견했습니다. 연평도에서는 포탄이 날아오는 방향을 파악하는 대포병레이더가 작동하지 않았다고 합니다. 지금까지 사들인 '첨단 장비'는 도대체 무엇이고, 다 어디에 있다는 것입니까.

연평도가 공격을 받자 일단의 '용감한 보수파들'은 "왜 즉각 전투기로 폭격하지 않았느냐"고 목청을 높였습니다. 그런데 알고 보니 전면전으로 비화할 수도 있는 전투기 폭격은 한미연합사령부, 즉 미군의 허락을 받아야 한답니다. 전시작전권이 미국에 있기 때문입니다. 놀라운 것은 곧 돌려받게 돼 있던 전시작전권을 나중에 받자고 우겨서 결국 관철한 것이 바로 그 '보수파들'이었다는 사실입니다. 미군 개입 없이 우리 힘으론 이 땅을 지킬 수 없다는 이유였습니다. 도와달라고 형의 바짓가랑이를 붙잡고 늘어지면서 상대에겐 '한판 붙자'고 목청을 높이는 것이 과연 용기 있는 행동입니까, 비겁한 짓입니까.

청와대 지하벙커의 비상대책회의에 둘러앉았던 당시 정부 수뇌부가 군 면제자 투성이란 것은 어떻게 봐야 할까요. 보수의 핵심 가치 중 하나가 '공동체에 대한 의무를 다하는 것'인데 우리나라 보수는 특이한 '변종'입니까. 아니면 군에 못 갈 만큼 심신에 이상이 있는 사람, 형편이 좋지 않은 사람일수록 이 땅에서 출세할 가능성이 높다는 역설을 보여주는 것일까요.

무엇보다 분통이 터졌던 것은 연평도 주민들에 대한 대우였습니다. 공포에 질려 섬을 탈출한 수백 명이 인천의 한 찜질방에서 2주 넘게 갑갑한 피난 생활을 하는 모습은 충격이었습니다. 그들이 정부 없는 국민입니까. 한동안은 그 비용조차 찜질방 주인이 부담했다는 얘기에 기가 막혔습니다. '피난민 보호를 찜질방 주인에게 맡기는 정부'라는 비판이 하늘을 찌른 후에야 지원 계획을 내놓았지만 '믿고 의지할 수 있는 정부인가' 하는 의구심은 쉽게 지워지지 않았습니다.

천안함이나 연평도 이전에도 수상하긴 했습니다. 안보를 중시한다는 정권이 성남기지의 공군 비행에 위협이 될 수 있다는 반대를 무릅쓰고 롯데 재벌에 '제2롯데월드'를 허가해줄 때부터 헷갈렸습니다. 이명박 정부에겐 '경제'와 '안보' 중 경제가 우선이었다는 뜻인가요? 그런데 수많은 중소기업의 운명이 걸린 개성공단에 대해서는 대북강경조처를 통해 존립을 흔드는 일을 반복합니다. 그렇다면 이명박 정부의 '경제'에 중소기업은 들어 있지 않다는 말인가요? 이명박 정권의 안보는 도대체 어떤 안보이

며, 경제는 누구를 위한 경제였을까요. 제 상식으론 도저히 풀 수

없는 실타래였습니다.

평화를 살 수 있는 쌀

칠레 북부의 산호세 광산에 광부 33명이 지난 2010년 8월 5일 일어난 매몰사고로 수십일 동안 지하 700미터 갱도에 갇혀 있었습니다. 칠레 정부가 안간힘을 다해 굴착공사를 했지만, 너무 깊은 곳이라 이들을 구출하는 게 그해 11월에나 가능할 것이라는 소식이 전해졌습니다. 당시 뉴스를 볼 때마다 그들의 처지에 마음이 쓰였습니다. 먹는 건 어떻게 하고 있을까? 그 안에서 얼마나 갑갑할까? 그래도 구조작업이 진행되는 걸 알고 있으니 희망을 잃진 않겠지…….

그런데 우리 땅 북녘에는 멀쩡한 지상에 살지만 지하 갱도에 갇힌 것보다 더 절망적인 사람들이 있습니다. 고질적인 작황 부진에 수해까지 겹쳐 처절한 식량난을 겪는 북한 동포들입니다. 굶어서 죽는 이가 속출하고, 견디다 못해 목숨 걸고 국경을 넘는 행렬이 꼬리를 물고 있다는 게 중국에서 활동 중인 선교사 등의 증언입니다. 살을 뺀답시고 몇 끼만 굶어도 만사에 의욕이 없고 비관적인 기분이 되는데, 먹을 게 없어 몇날 며칠을 굶는다면 도대체 어떤 심정일까요. 칠레의 광부들과 달리, 구조될 것이란 믿음조차 가질 수 없는 그들의 절망은 얼마나 깊을까요.

그런데 사실은 북녘 동포들을 절망의 갱도에서 당장 구출할 수 있는 밧줄이 우리에게 있습니다. 우리가 먹고 남아서 쌓아두고 있는 엄청난 양의 쌀입니다. 2010년 당시에도 추수직후엔 200만 톤 가까운 쌀이 정부 저장창고 등에 쌓였습니다. 이렇게 재고가 많으면 쌀값이 떨어지는 등 농민 피해가 크고, 몇 년씩 쌓아둔 쌀은 먹을 수 없는 상태가 되므로 버리는 것과 마찬가지로 '땡처리'를 해야 합니다. 이렇게 차고 넘치는 쌀, 버려질 수도 있는 쌀을 사람의 목숨을 구하는 일, 북녘 동포를 살리는 일에 쓴다면 얼마나 좋은 일입니까.

그래서 농민단체와 북한지원시민단체, 야당 등이 당시 '대북 쌀 지원 재개'를 목청 높여 주장했지만 정부는 우왕좌왕할 뿐 결단을 미뤘습니다. 적십자 등을 통해 소량의 쌀을 보내는 것은 가능하지만 북한이 천안함 사태 등을 사과하고 핵개발 포기를 선언하지 않는 한 과거 정부처럼 수십만 톤씩의 대량 지원은 할 수 없다는 얘길 되풀이했습니다. 여당과 정부 일각에서는 '북한이 군량미 100만 톤을 쌓아놓고 있다'는 등 확인되지 않은 얘기를 흘려 쌀 지원에 부정적 여론을 만들려는 움직임까지 나왔습니다. 북한 집권층의 독재와 무능 때문에 굶주리는 동포를 인질로 삼아 정치적 게임을 하자는 심산으로 비쳤습니다. 하지만 북한 집권층은 더 극한 상황이 와도 남한에 고개를 숙이기보다 중국에 매달릴 것이고, 북한 동포들은 자신들을 외면한 남한을 원

망할 것입니다.

사실 남한에 쌀이 많이 남아돌게 된 것도, 북한의 식량난이 더 극심해진 것도 2008년 이후 남북관계가 악화되면서 대북 쌀 지원을 전면 중단한 탓이 큽니다. 남북 경협의 위축과 한반도의 안보 불안으로 인한 국가신인도 하락 외에도 이명박 정부의 '적대적 대북 정책'이 낳은 손실이 얼마나 큰지 이제는 따져봐야 합니다. 더 이상 미루지 말아야 합니다. 굶주리는 동포를 먹일 쌀은 '투명한 분배'의 장치를 요구하면서 빨리, 대대적으로 보내야 합니다. 천안함과 핵문제 등은 6자 회담 등 별도의 창구를 통해 시간을 갖고 해결해야 합니다. 우리가 조건 없이 베푼 쌀이 북한 동포들의 생명을 구하고, 마음을 녹이고, 장차 통일 한국을 위한 화합의 씨앗이 되게 해야 합니다. 이렇게 해서 남북 화해의 물꼬를 다시 트고, 경제 협력을 재개하게 된다면 정부가 그토록 걱정하는 '통일비용'도 획기적으로 줄일 수 있을 것입니다.

군복무 보상,
제대로 하자

"어색해진 짧은 머리를 보여주긴 싫었어.
손 흔드는 사람들 틈에 그댈 남겨두긴
싫어. 3년이라는 시간 동안 그대 나를 잊
을까……"

군 입대로 이별하는 연인들을 울렸던 김민우의 〈입영열차
안에서〉 노랫말입니다. 요즘은 이 노래가 유행하던 1990년대에
비해 복무 기간도 짧아지고, 공중전화와 인터넷 등 외부와의 연
락도 쉬워졌으니 군 입대가 주는 비장감이 예전 같진 않습니다.
그래도 스무 살 전후의 피 끓는 젊은이들이 엄격한 통제 속에 감
내해야 하는 2년여의 집단생활은 때로 탈영, 자살이라는 극단적
선택이 돌출할 만큼 만만치 않은 게 사실입니다. 더구나 돈과 권
력을 가진 이들이 이리저리 빠져나가는 와중에 현역 복무를 다하
는 것은 한편으로 억울하고 손해보는 느낌을 줄 수도 있습니다.
그래서 많은 사람들은 국방의 의무를 충실히 마친 청년들

에게 이 사회가 뭔가 보상을 해주는 게 옳다는 생각을 합니다. 2011년 국방부가 군가산점제에 대한 의견을 물었을 때 남성은 물론 여성 응답자도 80% 가까이 찬성한다고 답한 것은 '뭔가 보상이 필요하다'는 막연한 정서의 표출이 아닌가 싶습니다.

그런데 국방부 등에서 추진하는 것처럼 제대 군인에게 공무원이나 공기업 채용에서 가산점을 주는 제도가 과연 합리적이고 공정한 보상이 될 수 있을까요. 결론부터 말하자면 전혀 그렇지 않습니다. 군가산점 제도는 입영 대상이 아닌 여성과 장애인 등을 차별할 뿐 아니라 공공부문 취업 희망자를 제외한 대다수 제대 군인까지 소외시키는 불공정한 보상책입니다.

지난 1999년 헌법재판소가 기존의 군가산점제도에 대해 재판관 9명 전원 일치의 위헌 결정을 내린 취지도 그런 것이었습니다. 제대 군인에 대해 일정한 보상이 필요하다는 취지는 공감하지만 그 보상의 방법이 군필자에게 가산점을 줌으로써 여성과 장애인 등 다른 사회적 약자에게 불이익을 주는 식이어선 곤란하다는 것입니다. 또 제대 군인 중 극히 일부인 공공부문 취업자에게만 혜택을 주고 나머지에겐 아무런 보상도 하지 않는 것은 공정하지 않다는 것입니다. 그러니 사회적 약자를 차별하지 않고, 제대 군인 전부에게 혜택이 돌아갈 다른 대안을 찾으라는 게 당시 결정의 의미였습니다.

그래서 일부 국회의원들은 군복무 기간을 국민연금 납입 기간에 넣어주거나, 제대할 때 일정액의 지원금을 주는 방안, 복학했을 때 무이자로 학자금을 전액 대출해주는 방안 등을 담은 제

대군인지원법 개정안을 제출했습니다. 또 여성가족부는 현재 '쥐
꼬리 수준'이라 할 수 있는 사병의 급여를 상당 폭 올려주고, 군
내 교육훈련 시스템을 확충해 자기계발을 도와주며, 제대 후 취
업이나 창업을 할 때 세제 혜택을 주는 방안 등을 제시했습니다.
이런 대안들은 헌법상 평등권을 해치지 않으면서 복무 군인 전
원에게 실질적 혜택을 줄 수 있는 것이니 국가 재정으로 얼마나
감당할 수 있는지 따져보고 사회적 합의를 끌어낼 가치가 있습
니다.

그럼에도 국방부와 일부 국회의원들은 이런 안들을 검토할
생각은 않고 이미 위헌 결정이 난 가산점제를 이리저리 손봐 다
시 들이밀고 있습니다. 일부 철없는 네티즌은 "억울하면 여자도
군대 가" 하는 식의 남녀 대결을 조장하기도 했습니다. 이럴 때가
아닙니다. 군복무에 대한 보상이 절실하다면, 그만큼 제대로 된
방안이 마련될 수 있게 생산적인 논의를 해야 합니다. 이건 남녀
의 문제가 아니라 이 사회의 합리성과 공정성에 대한 문제입니다.

7부

언론이 살아나야 희망이 있다

'이대삼' 기자,
분발하세요!

2008년 초 특검의 비자금 수사를 받느라 사색이 돼 있던 한국 최대의 재벌 삼성그룹. 당시 그곳을 출입한 경제 기자들 상당수는 스스로를 '이대삼'이라고 불렀다고 합니다. 무슨 뜻일까요? '이대삼'은 '이에 대해 삼성은~'을 줄인 것으로, 삼성이 온갖 의혹에 대해 변명하는 얘기를 옮겨 적는 것 외에 딱히 하는 일이 없음을 자조적으로 표현한 말이라고 합니다.

실제로 당시 각 신문을 유심히 살펴보면, 검찰 출입기자들이 쓰는 수사 기사 외에 경제부 쪽에서 나온 삼성 관련 기사는 정말 별다른 게 없었음을 알게 됩니다. 기껏해야 '회사 표정 스케치' '임직원 반응' '회사 측 해명' 같은 것들이었습니다. 선진국에서 이런 경제사건이 터질 경우 각 언론사가 '특별취재팀'을 구성해서 굉장히 적극적인 탐사보도를 하는 것과 대조적이었습니다.

2007년 가을 김용철 변호사가 비자금용 차명계좌의 존재를 처음 폭로했을 때 삼성 측은 "그런 계좌는 없다"며 딱 잡아뗐습니다. 그때 금융계 사람들은 코웃음을 쳤습니다. 한 금융회사 임원은 사석에서 "임원용 차명계좌가 생긴 것을 영광스럽게 생각하는 삼성 사람을 봤는데 무슨 소리냐"고 말했습니다. 그렇다면 삼성 출입기자들이 수사와는 별도로 전현직 임직원이나 금융사 관계자들을 접촉해서 비자금 의혹의 실상에 접근해나가는 것이 가능했을 것입니다. 그러나 대부분의 신문사들은 그런 시도조차 하지 않았습니다.

몇몇 예외가 있긴 합니다. 김용철 변호사의 폭로를 가장 적극적으로 보도한 한겨레와 경향신문, 그리고 일부 방송사 등입니다. 이들은 김 변호사는 물론 전현직 삼성 임직원들의 증언과 제보를 받아 삼성의 비리구조에 접근해나가려고 노력했습니다. 하지만 이렇게 '튀는' 행보에는 혹독한 대가가 뒤따랐습니다. 한겨레와 경향 두 신문사는 2007년 10월 말 비자금 관련 보도를 시작한 후, 11월과 12월에 삼성 광고를 거의 수주하지 못했습니다. 닐슨미디어리서치에 따르면 한겨레는 11월의 삼성 광고 수주액이 10월의 14분의 1이 됐고, 경향신문은 3분의 1로 줄었습니다. 또 12월에는 두 신문 모두 삼성 광고가 아예 뚝 끊겼고, 2008년 1월에도 비슷한 추세가 계속됐습니다. 다른 신문사들이 매월 수십 건의 삼성 광고를 싣고 수십억 원씩을 벌어들인 것과 대조적입니다. 수입의 80~90%를 광고에 의존하는 우리 신문업계 여건에서 최대 광고주인 삼성으로부터 '징벌'을 당한 이 두 신문사의 형편이 얼마나 어려웠을지 짐작할 수 있습니다.

삼성 비자금 사건을 둘러싼 다수 언론의 움직임은 우리 사회가 왜 고질적인 부패와 비리의 사슬에서 벗어나지 못하는가를 새삼 확인시켜줍니다. 우리는 많은 재벌 비리 사건을 통해, 기업의 준법 경영을 감시해야 할 공적 기관들이 비리 기업과 유착된 경우가 많다는 것을 알게 되었습니다. 또 비리 혐의가 불거져도 수사기관이 매수당해 철저한 수사를 하지 않았고, 기소가 되더라도 사법부가 집행유예 등 가벼운 양형으로 풀어주는 예가 비일비재했던 것을 기억합니다. 외국 언론으로부터 '한국 재벌은 문제만 생기면 휠체어로 탈출한다'는 비아냥거림을 들었던 현대 비자금 사건, 한화 보복 폭행 사건 등이 최근의 예입니다. 그런데 이런 일들이 반복돼온 데는, 언론이 '광고 수입'에 발목이 잡혀 이를 공론의 장에 고발하고 '발본색원'의 노력을 이끌어내는 역할을 못한 탓이 큽니다. 재벌이 아무리 큰 죄를 지어도 정부가 봐주고, 수사기관이 넘어가고, 법원이 솜방망이 처벌에 그치고, 언론이 침묵해주니, 진정한 반성과 환골탈태가 일어나지 않는 것입니다.

그래서 삼성 비자금 사건은 거꾸로 우리 사회에 의미심장한 기회를 제공했다고 볼 수 있습니다. 경제적 선진화를 이루고 성숙한 시민사회로 나아가기 위해 어떤 개혁이 필요한가를 선명하게 드러냈기 때문입니다.

널리 알려진 대로, 외국 투자자들이 '안심하고 투자할 만한 나라'를 평가하는 데 가장 중요한 두 가지가 잣대가 '투명성 Transparency'과 '법치Rule of Law'입니다. 투명성이라는 것은 경제 주체들의 말과 행동이 일치되어 속을 염려가 없다는 것을 의미합니다. 예컨대 기업이 분식회계나 탈세 등을 하지 않기 때문에 재무제표 등 각종 자료를 그대로 믿고 투자해도 좋다는 것입니다. 법치라는 것은 '게임의 룰'이 명확하게 정해져 있고, 누구든 예외 없이 지키도록 기대되며, 어겼을 경우 똑같이 처벌받는다는 것을 말합니다.

그런데 우리 사회는 이 두 가지 잣대에서 후진국 수준을 벗어나지 못하고 있습니다. 삼성의 예를 봅시다. 삼성 수뇌부는 차명계좌를 만들어 비자금을 운용했으며 회사 자금을 횡령하고 세금을 탈루한 혐의를 받았습니다. 또 비자금을 만들기 위해 계열사 간 거래 서류를 조작했다고 하니, '투명성'의 관점에서는 이미 낙제점입니다. 또 차명계좌부터 이미 금융실명제법 위반이지만, 분식회계나 계열사 간 거래 가격 조작, 삼성에버랜드 편법 증여 사건의 증인과 증거 조작 등 '법치'의 원칙을 송두리째 무시한 혐의도 짙습니다. 한국의 대표 기업 삼성이 이 정도이니, 외국 투자자들이 한국 경제를 어떻게 평가하겠습니까.

그래서 당시 삼성 문제를 어떻게 처리하는지가 매우 중요했습니다. 과거처럼 적당한 '꼬리 자르기'로 진실을 은폐하고, 범죄의 주역들이 다시 활개 칠 수 있도록 놔준다면 우리 경제의 선진화는 기대할 수 없을 것이란 지적이 많았습니다. 재벌의 경제력 집중이 워낙 심해서 중소기업들이 설자리를 잃고, 양극화가 더더욱 심해지는, 일그러진 경제구조가 고착될 것이라는 경고가 있었습니다. 입법, 행정, 사법부가 모두 재벌의 '금권' 앞에 무릎을 꿇는, 민주주의의 암흑기가 올지도 모른다는 우려가 있었습니다.

당시 칼자루를 쥔 특검이 정말 사심 없이, 최선을 다해서 삼성의 불법행위를 규명해내고, 범법자를 기소해야 할 거라는 기대가 컸습니다. 사법부는 '유전무죄' 논란을 다시 불붙게 할 정실 판결 대신 엄정한 단죄를 통해 예외 없는 '법의 지배'를 확인해야 한다는 주문이 있었습니다. 금융감독위원회와 공정거래위원회, 재정경제부 등 관련 부처는 삼성의 불법, 편법을 초래한 제도적 허점들을 정비하고 투명성을 높일 대안을 마련해야 한다는 의견들이 있었습니다. 언론은 이 모든 과정에서 각각의 국가기구가 제 몫을 다하고 있는지, 가려진 진실은 없는지, 적극적이고 충실한 보도를 해주어야 한다는 주문을 받았습니다. 하지만 다 아는 것처럼 이런 요구는 외면당했습니다. 권력 있고 책임 있는 모든 기관들이 기대를 저버렸습니다. 그리고 '이대삼' 기자는 그냥 '이대삼'일 뿐이었습니다.

지네발 재벌,
애완견 언론

2010년 2월, 삼성그룹 창업주인 고 이병철 회장의 탄생 100주년 기념행사에 고인의 자녀와 손자손녀들이 대거 모습을 드러냈습니다. 삼성그룹 이건희 회장 가족, 신세계그룹의 이명희 회장과 정용진 대표, 한솔그룹의 이인희 고문 등이 대외 행사에 함께한 것은 드문 일이었습니다. 이들이 평소 '조용하게' 움직이는 삼성, CJ, 신세계, 한솔 등 '범 삼성' 계열사들의 매출은 2010년 기준 약 285조 원으로 GDP의 약 4분의 1 규모입니다. 이들이 '가족회의'를 열면 한국 경제를 들었다 놓을 수도 있습니다.

고 정주영 회장이 일으킨 '범 현대'는 어떨까요. 현대기아차, 현대, 현대중공업, KCC 등 고인의 형제와 자녀 일가가 경영하는 그룹의 매출은 약 200조 원으로 GDP의 5분의 1 규모입니다. 역시 가족회의로 경제를 흔들 만한 수준입니다.

대기업 그룹 중에서도 가족구성원이나 일가친척이 지배하는 기업집단을 우리는 재벌이라고 부릅니다. 그런데 이미 덩치 큰 재벌들이 몸집을 더 불리는 속도가 눈 돌아갈 지경입니다. 삼성, 현대차, SK, LG, 롯데 등 10대 재벌의 계열사 수는 2007년 361개에서 2011년 581개로 4년 만에 무려 60%가 늘었습니다. 자산과 매출 증가 속도도 눈부십니다. 이젠 '문어발'보다 '지네발'이란 비유가 더 자연스럽게 들립니다.

지네발 재벌은 때로 충격과 공포를 안겨줍니다. 협력업체의 납품단가를 후려치고, 기술과 인력을 빼가고, 계열사 간 일감 몰아주기로 시장을 장악해 중소기업들의 숨통을 조입니다. 기업형 수퍼마켓SSM 등을 통해 동네 떡집, 치킨집, 채소과일점, 구멍가게 같은 자영업자의 밥그릇도 위협합니다. 매몰차게 정리해고를 단행하고, 정규직을 비정규직으로 돌리면서 노동자들을 절망적인 처지로 몰아가기도 합니다. 그래서 재벌의 금고엔 돈이 넘치는데 중소기업, 자영업자, 근로자는 점점 더 가난해지는 게 우리의 현실입니다.

왜 이렇게 됐을까요. 더 이상 나타나지 않는 '낙수효과', 즉 '대기업이 잘되면 모두가 덕을 본다'는 이론을 내세워 특혜를 몰아준 역대 정부, 특히 출자총액제한제 등 규제를 확 풀어준 이명박 정부의 책임이 큽니다. 정치자금을 받아먹고 벙어리가 된 국회의원들, 재벌의 불법행위에 집행유예 등의 '정찰제 판결'을 남발한 사법부도 할 말이 없습니다. 그렇다면 언론은 어떨까요. 정부와 의회, 사법부를 떳떳하게 손가락질할 수 있을까요.

재벌의 하도급 횡포는 어제오늘 일이 아닙니다. 언론이 심층취재를 통해 구체적으로, 질기게 고발했다면 공정거래위원회와 검찰이 칼을 뽑지 않을 수 없었을 것입니다. 정부와 국회가 재벌의 팽창을 막는 마지막 빗장까지 열어젖힐 때, 날을 세워 위험성을 경고했다면 결과는 달랐을 것입니다. 기업형수퍼마켓의 횡포에 자영업자들이 울부짖고 부당한 해고에 노동자들이 항거할 때 시시비비를 제대로 가렸다면 재벌이 그렇게 일방통행할 순 없었을 것입니다. 수조 원의 차명자금을 숨기고 1,000억 원 넘게 탈세한 재벌 총수에게 집행유예와 사면이 내려졌을 때, 언론이 '법 앞의 평등'을 제대로 따졌다면 이렇게까지 정의가 무너지진 않았을 것입니다.

거대 재벌 하나가 한 신문사 광고매출의 10%를 넘게 좌우하기도 하는 구조에서 언론이 재벌의 눈치를 안 보긴 어려울 것입니다. 그러나 삼류신문 뉴욕타임스를 세계 최고 수준의 권위지로 키운 사주 아돌프 옥스는 "어떤 이해관계로부터도 자유롭게, 오직 독자를 위해 진실을 보도하는 것이 장기적인 재무전략으로 최선"이라고 말했습니다. 진실 보도를 통해 독자의 믿음을 얻어야 장기적으로 번영하는 언론이 될 수 있다는 뜻입니다. 재벌의 잘못을 비판하는 대신 '광고인지 기사인지 헷갈리는' 정보를 남발하는 언론은 분노에 찬 국민의 시선을 느껴야 합니다. 도적을 막으라고 파수견(watchdog)을 키우는데, 고기조각을 탐내 도적의 애완견 노릇을 한다면 주인이 그냥 놔두겠습니까.

경보는 울리지 않으리

이명박 정부의 '금산분리 완화'에 반대 목소리를 내왔던 이동걸 한국금융연구원장이 2009년 마침내 사표를 냈습니다. 금산분리 원칙을 포기하면 재벌이 은행을 실질적으로 지배하게 될 것이고, 이렇게 되면 '은행의 사금고화' 등 금융건전성을 심각하게 위협하는 일이 벌어질 것이라고 경고하던 사람이었습니다. 그는 아무리 쥐어짜도 정권의 논리를 뒷받침할 근거를 찾을 수 없다며 "Think Tank(연구기관)를 Mouth Tank(대변기관)로 만들지 말라"는 말을 남기고 떠났습니다. 그가 떠나기 무섭게 금융연구원에서는 금산분리 완화를 지지하는 연구보고서가 나왔습니다. 한 연구위원은 "뉴라이트 계열의 원장이 새로 온다는 소문이 파다한데, 그 밑에서 무슨 일을 하게 될지 아득하다"고 한숨을 쉬었습니다. 이런 한숨과 탄식이 여러 국책연구기관으로 퍼져 나갔습니다.

전문가들의 '생각'까지 통제하려는 정부의 움직임은 곳곳에서 파열음을 냈습니다. 국회 연구원들은 정부의 입맛에 맞게 나온 정보통신정책연구소 보고서를 비판했다가 궁지에 몰렸습니다. 미디어법 개정에 따른 고용창출 효과를 낙관적으로 전망한 연구 결과에 대해 국회 예산정책처가 '근거가 부족하다'고 지적했더니, 국무총리실과 국회의장실 등에서 연구원들에게 압박을 가했다는 게 민주당의 주장입니다. 국회 사무총장이 '앞으로 정부 여당에 불리한 보고서는 내지 말라'고 지시를 했다는 얘기도 나왔습니다. 언론을 통해 이명박 정부를 신랄하게 비판해온 우석훈 박사(《88만원 세대》 저자)는 한 인터뷰에서 "정부 고위 관계자로부터 비판을 자제하라는 경고를 받았다"며 분개하기도 했습니다.

이명박 정부는 이미 인터넷 논객 미네르바를 구속함으로써 '함부로 떠들면 다친다'는 것을 보여주었습니다. 그리고 분석하고 전망하고 비판하는 것을 업으로 하는 전문가들에게 '뭔가'를 보여주었습니다. 그래서 이들이 사표를 던지거나, 소신과 다른 보고서를 쓰거나, 아예 침묵하기로 줄줄이 결심한다면 우리에게 어떤 일이 벌어질까요.

1997년으로 돌아가봅시다. 태국과 인도네시아를 삼킨 외환위기의 파도가 우리 해변으로 무섭게 몰려오고 있는데도, 그 많은 국책 연구원과 금융권 전문가들은 제대로 경보를 울리지 못했습니다. 어떤 경우는 잘 몰라서, 어떤 경우는 정부의 눈치를 보느라 숨을 죽였기 때문입니다. 정부는 유일하게 통제되지 않는 외신보도와 맞서 '외환위기는 절대 없다'며 기세등등하게 싸움질을 했습니다. 그 결과는 아주 '갈 데까지 간' 상황에서 IMF에 손을 벌리는 참담한 꼴이었습니다.

　경제의 흐름을 분석하고 전망할 능력을 가진 사람들에게 재갈을 물리면 나라경제가 벼랑으로 밀려가도 경보는 울리지 않습니다. 정부가 듣고 싶은 말만 하도록 전문가들을 길들이면 그들은 조만간 경보를 울릴 능력조차 잃어버리게 됩니다. 1997년에 그렇게 당하고도 부족해서 정신을 못 차린 것일까요?

지하벙커의 쇼

　　　　　　　　영화 〈작전명 발키리〉는 지금까지
잘 알려지지 않은 히틀러 암살시도를 다룬 영화입니다. 독일의
패색이 짙어지고 있던 2차 대전 말기, 북아프리카 전투에서 부상
을 입고 군사령부로 전보된 슈타펜버그 대령은 히틀러를 암살하
기로 결심합니다. 젊은이들이 전장에서 떼죽음을 당하는 상황에
서도 공격 명령을 고집하는 히틀러가 있는 한 독일의 파멸을 막
을 수 없다고 생각했기 때문입니다. 영화는 그가 '늑대 굴'로 불
리는 히틀러의 벙커(엄폐호)에서 열리는 작전회의에 사제폭탄을
숨기고 들어가는 장면 등을 긴박감 넘치게 보여줍니다.

　대통령과 참모들이 툭 하면 청와대 '지하벙커'에서 회의했다
는 뉴스가 나왔던 2009년 무렵, 이 영화에서 본 '늑대 굴'을 떠올
렸습니다. 당시 이명박 대통령은 매주 청와대 지하벙커에서 비
상경제대책회의를 열었습니다. 경제가 워낙 위급하니 전시처럼
긴장감을 갖고 대응하자는 뜻인 것 같았습니다. 하지만 진짜 포
탄이 오가는 상황도 아닌데 지하벙커라니, 한 이동통신사의 광

고처럼 '쇼'를 하는 거냐고 비웃는 사람들도 많았습니다. 더 불길한 것은 히틀러가 '늑대 굴'에 은신한 채 젊은이들을 '사지死地'로 내모는 명령을 내리는 장면이 연상되었다는 것입니다. 이명박 대통령을 히틀러에 비유하는 것은 옳지 않지만, 이명박 정부의 '높은 분들'이 지하벙커에 모여 내린 결정 중에는 청와대 담장 밖 경제 현장에서 '사투死鬪'를 벌이는 사람들을 더 궁지로 몰아넣는 정책들이 있었기 때문입니다.

비정규직의 고용 제한 기간을 현재의 2년에서 4년으로 연장하려던 정책이 대표적입니다. 정부는 2년 기간 제한 때문에 무더기 해고를 당하게 될 비정규직들을 구제하기 위해서라고 했지만, 노동계는 '값싸게 쓰고 쉽게 버릴 수 있는 노동자를 양산하는 것'이라고 반발했습니다.

같은 일을 하고도 임금은 정규직의 절반 남짓에 불과하며, 언제 '계약 해지'가 될지 몰라 늘 전전긍긍해야 하는 비정규직은 이 시대의 '2등 노동자' 신세입니다. 정부안대로 기간이 늘어나면 현재 정규직을 쓰고 있는 기업들도 더 많은 자리를 비정규직으로 채울 것이고, 더 많은 노동자의 삶이 불안하고 궁핍해질 것입니다. 비정규직의 열악한 근로조건을 개선하기 위해 뛰어주어야 할 정부가 '경제위기'를 내세워 기업 입장만 봐주고 있으니 노동계의 배신감은 이만저만이 아니었습니다.

재개발 보상에 불만을 가진 세입자들의 시위를 경찰특공대로 진압하려다 6명이 숨지는 참사를 빚은 용산 사태는 '지하벙커'가 함축하고 있는 '전시 논리'의 극단적 부산물이었습니다.

'지금은 비상 상황이니, 얘기를 들어주고 설득할 시간이 없다. 힘
으로 제압하라!' 그래서 독재정권 때도 보기 힘들었던 비극이 빚
어졌으나, 청와대의 반응은 '쿨'하기 짝이 없었습니다. 불법시위
가 문제였으며, 경찰력 동원은 정당하다는 것이었습니다. 민주사
회의 시민이 주장할 수 있는 재산권과 표현의 자유, 민주사회의
척도인 대화와 합의 도출의 과정이 깡그리 무시되었는데도 무엇
이 잘못인지조차 모르고 있었습니다.

그뿐입니까. '지하벙커의 첫 작품'으로 뽑히는 인터넷 논객
미네르바의 구속, 촛불시위 등을 어렵게 만들려는 집회 및 시위
에 관한 법률 개정안, 사이버모욕죄 신설 논의 등 '비판'과 '이의
제기'를 막으려는 정부 여당의 노력은 섬뜩할 만큼 집요했습니
다. 2009년 초 이동걸 금융연구원장이 '연구기관에 대한 정부의
압력이 심하다' '경제전망치까지 관여한다'는 주장과 함께 사의
를 표한 것은 우리 사회가 정말 심상치 않은 방향으로 가고 있다
는 것을 보여주었습니다.

이명박 정부의 정책들이 기업 중심, 특히 재벌 중심적이라
는 것은 갈수록 선명해졌습니다. 군사적 위험 논란까지 외면하
며 제2롯데월드를 허가해주기로 한 것이나, 건설업체들의 이익
이 걸린 재개발사업을 무슨 수를 써서든 밀어붙이려고 한 것이
나, 기업들의 입맛대로 비정규직 문제를 풀어가려고 애쓴 것 등
에서 확인할 수 있습니다. 아마도 '지하벙커'에 모이는 고관들이
늘 만나는 '대한민국 1%'는 여기에 박수를 보냈을 것입니다. 그
러나 생존을 위해 피땀 흘려야 하는 국민 가운데는 배신감과 좌

절감, 분노를 키워가는 이들이 점점 많아졌습니다. 이 대통령이 좀 더 일찍 '지하벙커'에서 나와 이들의 목소리에 귀를 기울이지 않았던 것이 그가 지난 5년을 통째로 실패한 중요한 이유 중 하나일 것입니다.

■ # 박정희 시대,
이명박 시대

1979년 10월의 일입니다. 박정희 대통령이 시해된 다음 날 아침, 고등학생이었던 우리는 등굣길에 신문 호외에서 '대통령 유고' 소식을 봤습니다. 학교가 청와대 부근에 있어 대통령의 해외방문 때마다 길에서 태극기를 흔드는 데 동원되곤 했던 우리는 가깝게 느꼈던 국가원수의 죽음에 충격을 받았습니다. 몇몇은 소리 내 흐느끼기도 했습니다. 그런데 한 친구의 짧은 외침이 교실을 또 다른 충격으로 몰아넣었습니다. "독재자 XX, 잘 죽었어."

하얀 교복 깃을 빳빳이 다려 입은 단발머리 여고생과 도통 어울리지 않는 이 거친 한마디는 시대의 진실을 감춘 벽장을 여는, 녹슨 열쇠와도 같은 것이었습니다. 우리는 이후 그녀의 오빠가 학생운동을 하다 모진 고초를 당했으며, 그녀의 가족들처럼 '박정희 정권'을 맹렬히 증오해온 사람들이 사회 곳곳에 적지 않다는 것을 알게 되었습니다.

그때 저는 잠깐 '박 대통령이 과연 그녀의 오빠 일에 대해 알고 있었을까' 하는 의문을 품었습니다. 대통령이 직접 대학생을 잡아들여 고문하라고 지시했을까요. 어쩌면 박 대통령은 알지도 못하는 사건 때문에 한 가족의 사무친 증오와 저주를 받았는지도 모릅니다. 그러나 결론적으로 든 생각은 '억울할 게 없다'는 것이었습니다. 정권 유지를 위해 폭력적인 수단으로 반대 세력을 억압하는 체제를 만든 장본인인 만큼, 그 조직의 하수인들이 벌인 일에 대해서도 최종 책임을 지는 게 옳다는 판단이었습니다.

2009년 아름다운재단의 박원순 변호사를 상대로 국가정보원이 소송을 냈다는 소식을 들었을 때, MC 김제동과 손석희 성신여대 교수가 오래 맡아온 TV 프로그램에서 '잘린다'는 기사를 읽었을 때, 이상하게도 30년 전의 의문이 되살아났습니다. 대통령은 과연 이 일을 알고 있을까? 그러라고 지시를 했을까? KBS 정연주 사장이 나중에 무혐의로 밝혀진 이유로 쫓겨나고, 방송인 정관용이 모든 프로그램을 박탈당했을 때, 인터넷 논객 미네르바가 검찰에 잡혀갔을 때, MBC 뉴스의 신경민 앵커가 하차하고, 진중권 전 중앙대 겸임교수가 온갖 강의에서 잘렸을 때도 그런 생각이 들었습니다. 이 중 어떤 일은 대통령이 지시하거나 묵인했을 수도 있고, 어떤 경우는 알지도 못하는 아랫선에서 한 일일 수도 있을 것입니다.

심지어는 정권의 눈치를 보거나, 의중을 헤아린 해당 기관이 '알아서' 조치를 한 경우도 있을지 모릅니다. 그런데 중요한 것은 이런 일들이 모두 차곡차곡 쌓여서 '이명박 시대'를 규정한다는 것입니다. 비판을 도무지 참아주지 못하는, 그래서 밉보인 사

2009년 1월 10일 '미네르바'라는 필명으로 알려진 박모씨(가운데)가 인터넷 상에서 허위사실을 유포한 혐의(전기통신기본법 위반)로 구속영장이 발부된 이후 서울중앙지검에서 구치소로 수감되기에 앞서 기자들의 질문에 답하고 있다. ⓒ 경향신문

람들의 활동 기반을 무너뜨리고 '밥줄'을 끊은 정권으로 손가락질 당하게 됐다는 것이죠. 인권과 표현의 자유가 억압되는 민주주의의 퇴행기로 기록되었다는 것입니다. 경제적 업적으로 아무리 '박정희시대'가 화려하게 재조명되어도 '군사독재'의 꼬리표를 뗄 수 없듯, 이 대통령이 사재까지 털어 애쓰는 모습을 보였어도 불명예스런 역사의 평가를 피할 수 없을 것입니다.

당시 박원순 변호사는 국정원이 대기업들에게 은밀한 압력을 넣어 시민단체 후원에서 손을 떼게 했다는 등의 '폭로'를 했습니다. 국정원은 새빨간 거짓말이라고 했습니다. 그런데 많은 사람들이 코웃음을 쳤습니다. 사회운동에 헌신해온 박 변호사에 대한 믿음 때문이기도 하지만, 주변에서 비슷한 일이 벌어지고 있는 것을 봤기 때문입니다. 예를 들어 정보기관이 대기업, 공기업들에 은근히 부담을 주어 비판적 신문, 방송사의 광고를 끊는다는 얘기는 기업 관계자들의 입에서 나와 언론계에 널리 퍼졌습니다.

이 대통령이 진정 '선진화'를 이룬 지도자로 기록되고 싶었다면, '친서민 정책'을 명실상부하게 만들어가는 것과 함께 민주주의의 후퇴를 막아야 했습니다. 비판을 억누르는 권력기관의 횡포에 제동을 걸고, '쓴소리도 듣겠다'는 자세를 확실히 해야 했습니다. 이런 뜻을 거스르는 아랫사람과 조직은 용납하지 않는다는 것을 보여주어야 했습니다. 이젠 다 소용없는 애기가 됐지만 말입니다.

MBC와 KBS의 자살골

"저희 〈PD수첩〉은 능력이 모자라서 제대로 비판하지 못한 적은 많았지만 압력 때문에 피해간 적은 없었습니다. 시청자만을 두려워하는 방송, 그것은 여전히 〈PD수첩〉의 신념입니다."

2005년 5월 31일, 〈PD수첩〉 15주년 특집 '상식이 통하는 사회를 위하여'를 마치면서 최승호 PD는 이렇게 말했습니다. 그 다음날 〈PD수첩〉에는 '황우석 박사의 줄기세포 논문에 문제가 있다'는 제보가 들어왔고, 그것은 나라를 발칵 뒤집는 초대형 탐사보도의 출발점이 되었습니다. 그때 제보자는 왜 수많은 언론사 중 MBC의 〈PD수첩〉을 선택했을까요? 바로 '어떤 압력에도 굴하지 않겠다'는 약속을 믿을 수 있었기 때문이라고 최 PD는 취재후기에 썼습니다.

2010년 '검사와 스캔들' 편을 포함, 지난 20여 년간 우리 사

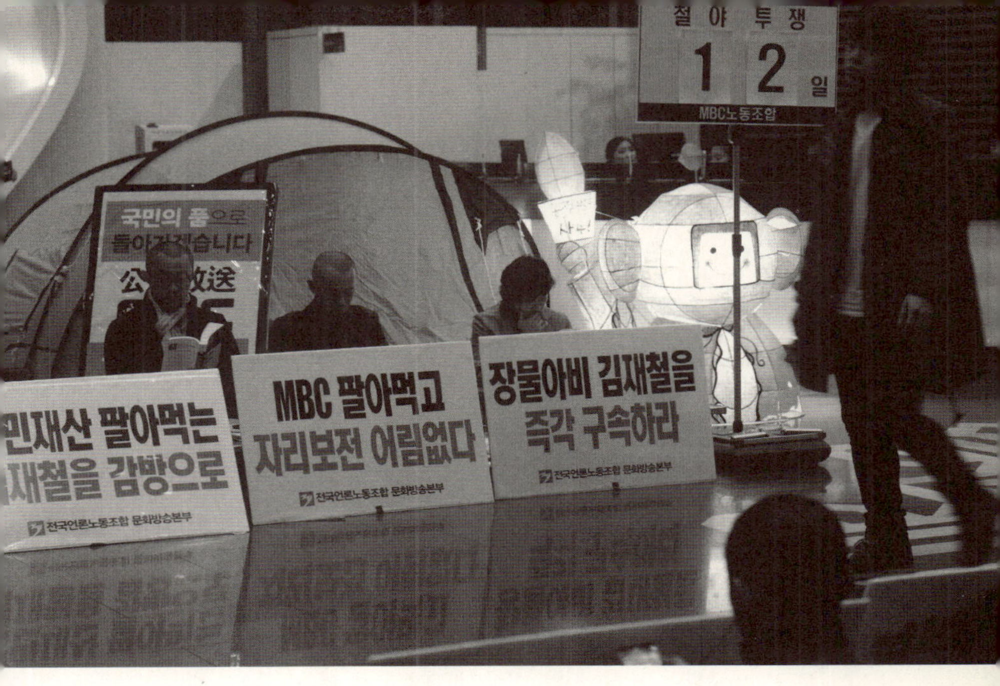

2012년 11월 9일 MBC 노조 조합원들이 서울 여의도 MBC 본사 1층에서 김재철 사장의 퇴진을 요구하며 농성하고 있다. 이명박 정권이 들어서자 MBC와 KBS는 '정권의 나팔수'가 되어 스스로 공영방송의 신뢰를 무너뜨렸다는 비판을 받았다. ⓒ 경향신문

회의 숨겨진 부조리를 통렬히 고발하며 신뢰를 쌓아온 〈PD수첩〉이 무너졌습니다. 황우석 지지자들의 돌팔매도, 광우병 보도를 둘러싼 정치검찰과 보수언론의 난도질도 버텨냈지만 정작 회사 내부, 경영진의 '자해 공격'에는 속수무책이었습니다. MBC가 2011년 조능희 PD 등 '미국산 쇠고기, 광우병에서 안전한가' 편 제작진 5명을 중징계한 것은 제작진 비유대로 "청나라군에 끌려가다 탈출한 〈최종병기 활〉의 주인공들이 아군에게 칼을 맞은 격"입니다. 1심부터 대법원까지, 〈PD수첩〉에 대한 판결 요지는 명확했습니다. 불확실한 상황에서 보도하느라 일부 오류가 있었지만, 국민의 건강권과 알권리에 기여한 공익적 보도가 분명하므로 명예훼손 등의 처벌 대상이 되지 않는다는 것입니다. 그런데도 회사 측은 "허위 보도를 했다"며 요란하게 사과광고를 내더니 중징계를 단행했습니다. 언론계 안팎에서는 "정권의 비위를 맞추려 물불 안 가린다"는 비난이 쏟아졌습니다.

〈PD수첩〉은 이미 최승호 PD 등 핵심 제작진이 강제 전출되고 한학수, 이우환 PD 등은 심지어 지방의 비제작부서로 쫓겨나는 등 파행 인사로 만신창이가 됐습니다. 한 PD 등의 발령에 대해선 법원이 원상회복을 명령해 경영진이 망신을 당했지만, 징벌적 인사와 징계는 아랑곳없이 이어지고 있습니다. 그뿐입니까. MBC 경영진은 '언론인 신뢰도 1위'로 꼽히는 손석희 교수를 〈100분토론〉에서 하차시킨 것을 포함, 신경민, 김미화, 김종배, 윤도현 씨 등 '입맛에 맞지 않는' 진행자, 출연자를 줄줄이 밀어냈습니다. 심지어 속칭 '소셜테이너 금지법'이라 불리는 위헌적

고정출연 제한규정을 사규에 넣어 비판적 인사들을 걸러내겠다고 나섰습니다. 그 결과는 방송의 신뢰도와 청취율 하락으로 나타났습니다. 자살골의 연속이었습니다.

옆집 KBS도 만만치 않았습니다. 정연주 사장이 모함으로 쫓겨난 후 김용진 탐사보도팀장이 지방 전출된 것을 신호탄으로 KBS의 심층고발보도는 사실상 무너졌습니다. 대신 친일파로 비난받는 백선엽, 독재하다 민중봉기로 쫓겨난 이승만을 미화하는 프로그램 등을 열심히 방송했습니다. 게다가 회사의 숙원인 수신료 인상을 위해 야당 회의를 도청한 혐의로 국회 출입기자가 수사를 받았습니다. KBS 기자들은 취재 현장에서 성난 시민들에게 욕먹고 쫓겨나는 경우도 있다고 합니다.

두 회사에서 노조와 PD협의회 등이 힘겹게 저항했지만 변화의 희망은 보이지 않았습니다. 값진 인적 자산이 훼손되고, 공영방송의 신뢰성이 처참히 무너지는 것을 경영진은 두려워하지 않는 것 같습니다. 오죽하면 '신설된 종합편성TV를 도와주려는 이적세력'이라는 비아냥거림이 나왔을까요.

더 심각한 문제는 두 방송사의 좌초가 치열한 토론과 논쟁이 이뤄져야 할 우리 사회의 '건강한 공론장'을 위협한다는 점입니다. 정권이 바뀌었다고 공영방송이 이렇게 무너진다면 우리는 민주주의를 지키기 어려울 것입니다. 방송사 구성원들이 더 치열하게 싸워야 하고, 전파의 주인인 시청자도 팔을 걷어붙여야 합니다. '어떤 정권에서도 흔들리지 않는 공영방송'은 공짜로 주어지지 않는 것일 테니까요.

지식인의 침묵

　　　　　　얼음장 같은 바람이 절로 옷깃을 여미게 하는 날씨였습니다. 비마저 종일 내렸습니다. 그래도 그들은 모였습니다. '지금 날씨 따질 만큼 한가하냐'고 서로를 자극하면서요. 비는 그쳤지만 발이 시렸던 저녁, 그렇게 수만 명이 서울 여의도공원을 채웠습니다. 2011년 11월 30일 인터넷방송 〈나는 꼼수다〉 팀이 한미 자유무역협정 반대를 내걸고 특별공연을 하는 자리였습니다. "한미 FTA의 스나이퍼(저격수)가 되겠다." "이제는 니들(집권층)이 쫄 차례다." "웃으면서 싸우자." 출연자들의 한마디 한마디에 수만 관중은 폭소하고 환호하며 '비준 철회'를 높이 외쳤습니다.

　　정치인과 언론인 넷이 모여 현실을 풍자한 '나꼼수'는 당시 여당이 한미 FTA 비준안을 날치기 통과시킨 후 '저항의 구심점' 중 하나로 부상했습니다. 많은 젊은이들이 나꼼수 방송 등을 통해 한미 FTA의 문제점을 파악하고, 트위터와 페이스북 등을 통해 자료와 기사들을 돌려보며 토론했습니다. 해외 사이트의 논문과 보고서까지 퍼 나르는 열성파도 있었습니다. 여의도 집회 등에 모인 인파의 상당수는 일부 언론의 주장처럼 '괴담'에 이끌린 철부지가 아니라 이런 '열공'을 통해 자기 삶과 FTA의 관계를 자각한 '책임 있는 시민'이었습니다.

우리 사회의 비극은 경제 전문가가 아닌 나꼼수와 거리의 시민들이 이처럼 한미 FTA에 대해 열심히 걱정하고 행동한 반면, 전문가 혹은 지식인의 모습은 잘 보이지 않았다는 것입니다. 그간 한미 FTA에 대해 적극적으로 발언한 인사 중 해당 분야의 진짜 전문가는 열 손가락으로 꼽을 정도입니다. 우리나라의 그 많은 경제·경영학자들, 법률 전문가들, 산업 분석가들, 국제관계 학자들은 도대체 어디서 무슨 생각들을 하고 있었을까요.

2011년 법원 내부통신망에서 한미 FTA에 대해 이의를 제기한 김하늘 판사의 경우를 보면 다른 전문가들의 입장에 대해 짐작할 수 있는 부분이 있습니다. 자타가 인정하는 보수주의자라는 김 판사는 최근까지도 'FTA로 수출이 늘어나면 좋은 것 아니냐'고 막연하게 생각했다고 합니다. 그러다 날치기 파동 후 자신이 한미 FTA에 대해 아는 게 별로 없음을 깨닫고 토론 프로그램을 꼼꼼히 분석한 결과 투자자국가소송제 등에 심각한 문제가 있음을 알게 됐다고 털어놓았습니다. 늦었지만 솔직한 고백이라고 할 수 있습니다. 그렇다면 다른 전문가 중에도 '미처 구체적 내용을 따져보지 못해' 아무 말도 못한 경우가 있었을 것입니다.

한미 FTA가 국민들의 삶에 얼마나 광범위한 영향을 미칠 수 있는가를 생각한다면 전문가들의 침묵은 참 안타까운 일이었습

2011년 11월 '나꼼수' 여의도 스페셜 공연에서 무대 발언하는 김용민, 김어준, 정봉주, 주진우. 정치인과 언론인 넷이 모여 현실을 풍자한 '나꼼수'는 많은 한계가 있기도 했지만 여당이 한미 FTA 비준안을 날치기 통과시킨 후 '저항의 구심점' 중 하나로 부상했다. ⓒ 경향신문

니다. 미국과 FTA를 맺는 것이 '장밋빛 미래' 대신 '악몽'을 안겨
줄 수도 있다는 사실은 멕시코 등 중남미 국가들이 이미 보여주
었습니다. 멕시코는 북미자유무역협정 발효 후 수출 증가 등의
과실을 부유층이 독식하고, 값싼 미국산 농산물 때문에 농촌이
무너지면서 양극화와 빈곤이 더욱 심해졌습니다. 미국 언론들에
따르면 NAFTA 이후 먹고살 길을 찾아 밀입국하는 멕시코인들
이 더 늘었고 매년 수백 명이 국경지대인 애리조나 사막 등에서
헤매다 목숨을 잃는다고 합니다. 호주와 캐나다 같은 선진국에
서도 미국과의 FTA 이후 보건의료의 공공성이 무너지고 있다는
비명이 나옵니다.

　　외환위기로 국가적 치욕을 겪었던 1997년, 우리나라 경제학
계의 한 원로는 "우리의 지력知力이 부족해서 당했다"고 탄식했습
니다. 아무런 경고도 대안도 제시하지 못했던 지식인의 부끄러
움을 토로한 것이죠. 그런데 IMF에 구제금융을 신청하기 직전
까지 "경제 펀더멘털(기초 여건)에 아무 문제가 없다"는 정부 발표
를 무비판적으로 받아썼던 주요 언론은 대부분 그때의 무책임에
대해 반성하지 않았습니다. 그리고 2011년, 또다시 정부 편에 서
서 한미 FTA 비판을 '괴담'으로 몰았습니다. 많은 지식인들은 이
번에도 침묵했습니다. 페이스북을 통해 한미 FTA 비준안 날치기
를 비판했던 최은배 판사는 한 인터뷰에서 "때론 침묵이 죄가 될
수도 있다"고 말했습니다. 그렇습니다. 능력 있는 당신이 무관심
해서 잘 몰랐다면, 그래서 잘못된 일에 아무 말도 하지 않았다면,
그건 역사에 큰 죄가 될 수도 있습니다.

동네북 경제를 넘어

ⓒ 제정임

초판 1쇄 펴낸날 | 2013년 2월 25일

지은이 | 제정임
펴낸이 | 박재영
편집 | 강곤
디자인 | 나윤영

펴낸곳 | 도서출판 오월의봄
주소 | (413-841) 경기도 파주시 탄현면 참매미길 194-9
등록 | 제406-2010-000111호
전화 | 070-7704-5018 팩스 | 0505-300-0518
이메일 | navisdream@naver.com 트위터 | @oohbom 블로그 | blog.naver.com/maybook05

ISBN 978-89-97889-17-4 03320